KPMG FAS　あずさ監査法人［編］

Return on
Invested Capital

ROIC経営

稼ぐ力の創造と戦略的対話

日本経済新聞出版

はじめに

　持続的成長と企業価値向上——。
　日本政府が主導するコーポレートガバナンス改革において繰り返し用いられている言葉である。ここ数年メディアや企業のIR資料でもあふれ返っている。もし仮に実業界の流行語大賞があるとすれば、間違いなく大賞を取るであろう。それくらい現在は企業価値向上ブームである。
　しかしながら、企業価値とは何かについて、実は明確に定義されないまま議論が進んでいることが少なくない。企業価値の考え方は立場によって様々であり、一様に定義付けが難しいのも事実である。経営者にとっての企業価値は、従業員などの人財や技術力などの無形価値の総和を表しているかもしれない。また、地域社会にとっての企業価値は、地域にもたらす雇用を表しているかもしれない。立場が変われば、その定義や期待も変わるものであり、企業価値にも様々な見方があってもよいであろう。
　現在日本政府が推し進めているコーポレートガバナンス改革には明らかな特徴がある。コーポレートガバナンスと聞くと、企業のガバナンス体制にばかり焦点が当たりがちであるが、スチュワードシップ・コードとコーポレートガバナンス・コードが併存していることからも明らかなとおり、現在のコーポレートガバナンス改革は、日本株に投資している、またはこれから投資を検討している機関投資家を強く意識している。
　この背景には、バブル崩壊後の日本では20年以上にわたって株価が低迷し、GDPが横這いで推移してきたという不都合な真実がある。1995年を起点としてみると、2015年までのTOPIXの年間平均成長率は▲0.1％に留まるのに対して、米国の代表的な株価指数であるDow Jones Industrial Averageは＋6.3％の成長であった。また、同期間における日本GDPの年間平均成長率は＋0.7％であったのに対して、米国は＋4.3％であった（**図表1**）。
　リスクマネーは、成長性のある市場に集まる。現在の日本市場におけるリスクマネー供給者の半分は機関投資家が占めている。再び日本市場が成長期待を醸成することができなければ、機関投資家は日本市場を見限り、リスクマネーは日本から逃避するであろう。そうなれば、企業は成長資金を市場で調達しようにも、調達それ自体が困難になる可能性もある。また、日本株には国民の年金資産も投資されている。日本市場が健全に発展し、再び活性化しなければ、日本国民も打

図表1　日米の株価推移・GDP‐比較

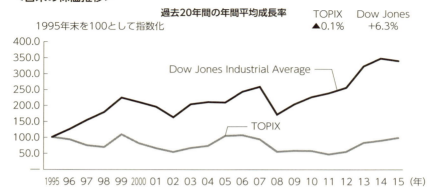

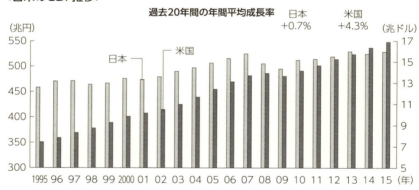

出典：KPMGジャパン「コーポレートガバナンス Overview 2016」

撃を受けることになる。

　企業価値向上の裏にはこうした背景がある。繰り返しになるが、企業価値の定義には多様性があってもよい。しかしながら、企業が株式市場からリスクマネーの提供を受けることで事業を展開している以上、リスクマネーの主たる提供者である機関投資家と企業とで企業価値に関する目線が異なれば、成長資金が日本市場に本格的に回帰することはないであろう。

　では、機関投資家は企業価値をどのように捉えているのであろうか。また、企業はどのように企業価値を向上させ、自社の企業価値向上の取り組みに関する説

明力をどのように高めていけばよいのであろうか。本書ではこうしたテーマについて取り上げている。

　企業価値向上にとって重要なのは資本生産性である。資本生産性指標は、投下した資本に対してどれだけのリターンを創出したかを測る指標である。いわゆる伊藤レポート（「持続的成長への競争力とインセンティブ〜企業と投資家の望ましい関係構築〜」プロジェクト最終報告書）の影響もあり、資本生産性を表す指標としてROEが取り上げられることが多いが、資本生産性指標は何もROEだけではない。ROAやROICもROEと同様に資本生産性を表す指標である。

　資本生産性指標そのものは、単に経営の結果を表しているに過ぎない。各々の資本生産性指標には、対応する資本コスト（投資家の期待収益率）があり、当該資本コストを上回るリターンを上げなければ、少なくとも機関投資家は企業価値が向上しているとは捉えない。「資本コストを上回るリターン＝資本生産性の向上＝企業価値の向上」なのである。

　資本生産性指標を考える上では、いくつかの留意点について考察する必要がある。

　まず、企業が資本生産性指標を考える上で最初の課題は、日本企業の大多数がそもそも資本コストを認識していない、あるいは、資本コストを認識していたとしても、機関投資家の認識と乖離している、という問題である。資本コストを正しく認識できなければ資本生産性指標を活用することはできず、企業価値向上について機関投資家と目線を合わせることは不可能である。

　次に、資本生産性指標をどのように運用していくか、という問題である。そのためには実務の観点でROA、ROIC、ROEといった指標をどのように経営管理に取り入れていくか、といった現実的な視点が必要不可欠である。一方、どれかひとつの指標が万能というわけではなく、それぞれの特徴を踏まえて自社に合わせた運用を熟慮する必要がある。

　資本生産性指標を考える上で避けて通ることができないバランスシートマネジメントという問題もある。バランスシートの総資産、投下資本、自己資本がそれぞれの用途に応じて資本生産性指標の分母となるが、それは換言すれば、バランスシートの活用方針が資本生産性指標に表れる、ということを意味している。

　最後に、資本生産性指標やバランスシートの活用方針について投資家と対話することの効用は何か、という問題である。本質的な意味で投資家との対話が進展すれば、資本コストの低減を通じて企業価値は向上するはずである。つまり、資本コストを軸とした対話の高度化が重要なのである。

本書は、これらの論点を整理するとともに、企業価値向上に必要な視点を詳細に取り上げている。
　巷間では、資本生産性について取り上げた良書も多い。一方で、内容が専門的で高度なファイナンス知識を要するものも多く、ハードルが高いものも少なくない。また、資本生産性指標の解説はあっても、機関投資家の考える企業価値や資本生産性が論点になる背景などを解説した書籍は意外に少ない。
　本書はまずは経営トップ、または将来経営を担うであろう候補者を対象に、企業価値向上の一助になればと思い執筆した。経営や実務の現場で使用に耐えうるものという観点から、複雑なファイナンス理論は極力排し、企業価値とその向上施策をイメージで捉えることができるよう心掛けた。本書の内容が少しでも企業価値向上のお役に立てるのであれば望外の喜びである。

2017年10月

目次

はじめに　3

第1章 機関投資家の資本生産性改善に対する期待

1. コーポレートガバナンス改革に対する期待の剝落 ── 14
(1) 市場参加者の動向　14
(2) コーポレートガバナンスに対する期待の本質は資本生産性の改善　17

2. 機関投資家にとっての企業価値 ── 19
(1) 投資における機関投資家の着眼点　19
(2) 株主価値の算出方法　21
(3) 資本コストとリターン　22

3.「資本コスト」と「期待収益率」の実際 ── 26
(1) 資本コストの整理　26
(2) 株主資本コストに関する企業の認識　27
(3) 株主資本コストの推計　30
(4) 株主資本コストに関する企業と投資家の認識ギャップ　31
(5) 機関投資家の期待収益率の水準感　33
(6)「株主資本コスト」と「期待収益率」が乖離する要因　35

4. 資本生産性指標と企業価値向上 ── 42

第2章 ROIC活用の必要性

1. ROICが求められている背景 ── 48

(1) ROE を高める目的　48
(2) あるべき ROE 改善のアプローチ　49
(3) 稼ぐ力を表す ROIC　49
(4) なぜ ROA ではなく ROIC なのか　52

2. フロー経営から ROIC 経営へ ─────────────── 54

(1) フロー経営の限界　54
(2) フロー経営の問題、ROIC のメリット　55
(3) ROIC 経営の必要性　59
(4) ROIC 経営により投資の PDCA サイクルが強化された事例　60
(5) ROIC の課題　61

第3章 ROIC の導入に関する論点

1. ROIC の分子・分母に関する論点 ─────────────── 66

(1) ROE から ROIC への展開　66
(2) ROIC の 2 つの側面　67
(3) 全社・事業部門における ROIC の計算式　68
(4) 本社費の取り扱い　69

2. 事業別 ROIC に関する論点 ─────────────── 70

(1) 事業別 ROIC における分子　70
(2) 事業別 ROIC における分母　71
(3) 事業別 WACC の考え方　73

3. ROIC の活用方法 ─────────────── 74

(1) 事業ポートフォリオマネジメントにおける活用　74
(2) ROIC ツリー展開　75

4. 事業特性が ROIC に与える影響 ─────────────── 77

(1) ROE・ROIC の推移　77

- (2) 業種別ROE・ROICの状況　77
- (3) 資本集約型産業の資本生産性　79
- (4) ROICが重要とならない業種　82
- (5) 新規事業や成長事業に関するROICの取り扱い　84

5. 日本と海外におけるROICの活用状況 ——— 84

- (1) 日本におけるROICの認知度　84
- (2) 海外におけるROICの利用状況　85

6. ROICと企業価値 ——— 86

- (1) ROICとEVAの関係　86
- (2) 企業価値評価に係るFCFとROICの関係　87

第4章 ROIC経営による企業価値向上

1. 2つのROIC改善アプローチ ——— 92

2. ROIC経営における短期的アクション ——— 93

- (1) 短期的アクションに際して必要となる取り組み　93
- (2) 不採算・低収益事業の抜本的対応　94
- (3) 事業部門における非効率部分の改善　98
- (4) 低収益資産の処分　101

3. ROIC経営における中長期的アクション ——— 104

- (1) 中長期的アクションに際して必要となる取り組み　104
- (2) 中期経営計画における目標設定　105
- (3) ROIC経営の仕組みの構築　116
- (4) 役員・従業員の教育・意識改革　123

4. ROIC経営におけるポイント ——— 125

5. 事例：オムロンのROIC経営 ——— 127

(1) オムロンのROIC経営の概要　127
(2) ポートフォリオ・マネジメント　128
(3) ROIC逆ツリー展開　128
(4) ROIC翻訳式　131
(5) ROIC導入後の業績　131

第5章
資本生産性指標とバランスシートマネジメント
——最適資本構成の追求

1. 日本企業のバランスシートに対する機関投資家の認識 ——— 134

2. 資本生産性指標のバランスが表す財務方針 ——— 137

(1) ROICがROAに比べて著しく高いケース／
　　ROICの調達・運用サイドの差異が大きいケース　139
(2) バランスシートの効率的な活用によって
　　ROAとROICの差が拡大するケース　140
(3) レバレッジによりROEとROICの差が拡大するケース　141
(4) 自社株買いと資本生産性指標　144
(5) 資本生産性指標によるバランスシートマネジメントの整理　148

3. 最適資本構成追求の実務 ——— 150

(1) ファイナンス理論からみた最適資本構成　151
(2) 最適資本構成追求の実務　152

第6章
投資家との対話と企業価値に関する説明力の強化

1. 投資家との対話の効能と資本生産性 ——— 162

2. 長期投資家が求める本質的な対話 ——————— 163
3. リスク管理としてのESG ——————————————— 165
4. 本質的な対話と株主資本コストの低減 ——————— 167
 (1) マーケットから観測される株主資本コストの低減効果 168
 (2) 投資家の投資判断プロセスにおける割引率の調整 170
5.「経営企画部門化」するIRO（Investor Relations Officer）の役割 — 172
 (1) IROが果たす役割の高度化 172
 (2) アクティビスト戦略の変化 175
 (3) IROに求められる経営企画機能の強化 178
6. 企業価値に関する説明力を高める ————————— 179
 (1) 自社の企業価値を検証する 180
 (2) 企業価値向上のドライバーを把握する 183

 おわりに——グローバル競争を勝ち抜くために 190
 索　引 ————————————————————— 192

装幀：相京厚史（next door design）

第1章

機関投資家の資本生産性改善に対する期待

1. コーポレートガバナンス改革に対する期待の剝落

(1) 市場参加者の動向

「日本企業の変革は当初想定していた以上に時間がかかるかもしれない。」

これは、英国大手年金基金のファンドマネージャーによる日本のコーポレートガバナンス改革に対する評価である。

中長期的かつ持続的な企業価値向上を目指す日本のコーポレートガバナンス改革は、2014年の日本版スチュワードシップ・コードの制定を皮切りに、伊藤レポート（経済産業省「持続的成長への競争力とインセンティブ～企業と投資家の望ましい関係構築～」プロジェクト最終報告書2014年8月）の公表、コーポレートガバナンス・コードの適用開始（2015年6月）と様々な施策が矢継ぎ早に打ち出している。2015年は、コーポレートガバナンス改革元年ともいわれ、社外取締役を選任する東証1部上場企業は2014年以降の3年間で74.3％から98.8％に急上昇し、体制面で見れば日本のコーポレートガバナンスは大きく前進しているようにみえる（**図表1-1**）。

しかしながら、株式市場の評価はというと必ずしも高くない。確かに2012年11月頃からのアベノミクス相場がはじまった当初は、日本銀行の大胆な金融緩和も相まって、様々な改革期待からTOPIXは大幅に上昇したが、コーポレートガバナンス改革元年となった2015年年初からのTOPIXおよび世界の主要な株価指数を比較したところ、TOPIXはこれらを下回っているのが実情である（**図表1-2**）。

もちろん株価は様々な要因で短期的に変動するのは事実であるが、一方で、現

図表1-1　体制面からみたコーポーレートガバナンスの変化（東証1部上場企業）

①社外取締役を選任する上場企業比率	74.3％→98.8％
②全取締役に占める社外取締役の選任比率（人数ベース）	21.9％→26.0％
③監査等委員会設置会社への移行比率	6.1％→18.2％
④監査役会設置会社における任意の指名諮問委員会の設置比率	18.0％→25.5％
⑤監査等委員会設置会社における任意の指名諮問委員会の設置比率	20.7％→23.5％
⑥監査役会設置会社における任意の報酬諮問委員会の設置比率	21.2％→28.5％
⑦監査等委員会設置会社における任意の報酬諮問委員会の設置比率	19.8％→26.3％

出典：KPMGジャパン「コーポレートガバナンスOverview2016」2016年9月
　　　KPMGジャパン「コーポレートガバナンス実態調査2016」2017年2月
　　　　①は2014年～16年の比較。②～⑦は2015年～2016年の比較

第1章　機関投資家の資本生産性改善に対する期待

在日本の株式市場で最も影響力があるのは海外の機関投資家をはじめとするプロの投資家である。2015年年初からの株価パフォーマンスは、これらの投資家からみた日本の株式市場の魅力が世界の主要な市場よりも相対的に劣っていることを表している。日本企業の株主構成をみると、海外の機関投資家をはじめとする外国人は時価ベースで30.1％、国内の機関投資家が含まれる信託銀行が19.6％、これに生命保険を加えると、時価ベースでみれば、日本企業の過半数を機関投資家が保有しているといえる（図表1-3）。

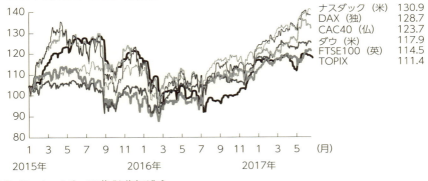

図表1-2　TOPIXおよび主要先進国の株価指数の推移（2015年1月～17年5月）

出典：Bloombergのデータに基づき筆者が作成

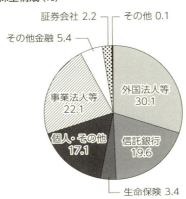

図表1-3　日本企業の株主構成（％）

出典：東京証券取引所他「2016年度株式分布状況調査結果について」（2017年6月20日）に基づき筆者が作成

実際に年度ごとの売買動向を見てみると、リスクマネーの最大供給者である海外の機関投資家をはじめとする外国人による取引は、アベノミクス相場がはじまった13年には15兆1,196億円の買い越しであったが、2014年には8,526億円に減少し、15年以降はマイナスに転じている（**図表1-4**）。

　一方で、信託銀行で表される国内の機関投資家は、2014年以降大きく買い越しに転じている。新聞などでは「クジラ」と表現されることが多いが、これはGPIF（年金積立金管理運用独立行政法人）が2014年10月にアセットアロケーションを変更し、国内株式の保有割合を12％（乖離許容幅±6％）から25％（乖離許容幅±9％）に引き上げたことによるものと推察される。ただし、GPIFが運用委託先を通じて運用する国内株式の8割強がTOPIXなどに連動したパッシブ運用であることを踏まえると、GPIFは指数構成銘柄を万遍なく保有するにすぎず、外国人が売り越すなかで株価の下支え効果はあったものの、諸外国の株価指数を上回るほどの効果をもたらすまでには至らなかったのではないかと考えられる（**図表1-5**）。

　こうした推移を見てみると、ここで本節冒頭の言葉に戻るのであるが、日本企業の過半数を保有する国内外の機関投資家による日本のコーポレートガバナンス改革に対する期待は急速に剥落していると考えられる。その要因が何かを真摯に見つめ直さなければ、リスクマネーが本格的に日本市場に回帰することはないであろう。

図表1-4　投資主体別売買動向

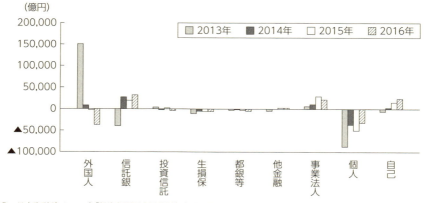

出典：日本取引所グループ「投資部門別売買状況」を元に筆者が作成

図表 1-5　GPIF のアセットアロケーション (基本ポートフォリオ) の状況 (%)

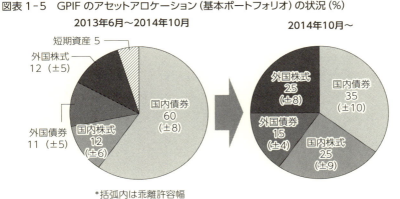

*括弧内は乖離許容幅

出典：GPIFウェブサイト（http://www.gpif.go.jp/operation/foundation/portfolio.html）のデータに基づき筆者が作成

(2) コーポレートガバナンスに対する期待の本質は資本生産性の改善

機関投資家の議決権行使ガイドラインなどから、コーポレートガバナンスに対する機関投資家の「要請事項」として、複数名の独立社外取締役の選任や取締役会の構成といった体制面に焦点が当たることが多い。確かに体制面や形式面に議論を絞ればコーポレートガバナンスは改善しているようにみえるが、社外取締役を選任する企業が 98.8％ に上昇したからといって、株式市場からの評価が高まっているとはいえないのは前節で検証したとおりである。

図表 1-6 は、グローバルの投資家を対象に「コーポレートガバナンス・コードに対する期待」について調査した結果である。本調査によると、国内外の主要な機関投資家がコーポレートガバナンスに最も期待しているのは、「中長期的な資本生産性の改善」であり、全体の 48％ を占めている。「独立社外取締役の増加」はわずか 10％ であることからも、形式面を整えることが機関投資家の期待ではないことは一目瞭然である。

また、同じ調査で、「コーポレートガバナンスと資本生産性は関係あるか」との問いに対して、「因果関係がある」もしくは「相関関係がある」との回答がそれぞれ 44％、35％ を占めており、実に 8 割近い機関投資家がコーポレートガバナンスと資本生産性の向上を関連付けていることが見てとれる。

また、「資本配分方針の効率性をどう評価するか」という機関投資家に対する別の調査において、大多数の機関投資家が「同業他社に対して健全な ROE」を挙げている。「平均よりも高い配当性向」の重要性が最も低いことから見ても、ここで

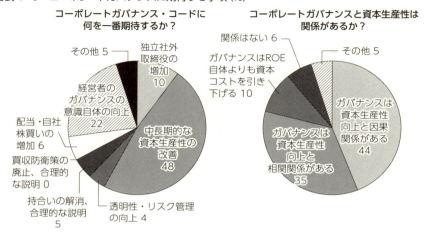

図表1-6 コーポレートガバナンスに期待する事項(%)

出典：西川郁生編著「企業価値向上のための財務会計リテラシー」（日本経済新聞出版社、2016年8月）第4章柳良平執筆・調査より。（国内外機関投資家183名に対する調査）図表は筆者が再作成。

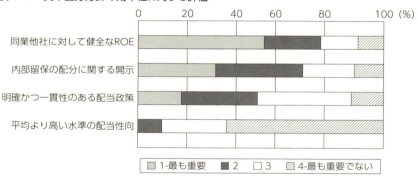

図表1-7 資本配分方針の効率性に対する評価

出典：Morrow Sodali, "Institutional Investor Survey 2017, Corporate Governance is No Longer Just About the Annual Meeting"を元に筆者が作成

いう「健全」とは自社株買いや増配政策による短期的なROEの改善を指しているのではなく、「中長期的に持続可能な」という趣旨と捉えるべきであろう（**図表1-7**）。

つまり、コーポレートガバナンスに対する機関投資家の一番の期待は、中長期的な視点からみた資本生産性の改善であり、投下した資本に対するリターンを持

続的に創出することである。本章冒頭で紹介した機関投資家の「期待が剥落している」という言葉は、中長期的な資本生産性改善に向けた意識が全般的に低く、未だ改善の兆しが見られないことに対する懸念を表したものと推測される。社外取締役の選任などといった体制面の議論は、持続的なリターンの創出を担保するための仕組みとして重視しているのであり、機関投資家のコーポレートガバナンス改革に対する期待の本質を見誤ってはならない。

2. 機関投資家にとっての企業価値

(1) 投資における機関投資家の着眼点

　機関投資家が期待する資本生産性の改善を理解するためには、機関投資家にとっての企業価値と資本生産性との関連性を理解する必要がある。

　機関投資家といってもその属性は実に様々である。ロング・ショートといったオルタナティブ運用を主体としたヘッジファンドもいれば、いわゆるアクティビストと呼ばれるような投資家もいる。ここでは、日本版スチュワードシップ・コード（改訂版）やコーポレートガバナンス・コードが想定している長期投資家に焦点を絞って議論を展開したい。

　伊藤レポートは長期投資家のリターンの考え方について下記のとおり考察している。

> <u>長期的なリターンを判断するためには、企業価値を算定・評価するための何らかの投資評価手法を採用している必要がある。</u>大別すればDDM（配当割引モデル）かDCF（割引キャッシュフロー法）あるいはその応用的な手法となろう。<u>これら投資評価手法では、アナリストは中長期の業績予想を行う必要がある。</u>そうでなければ企業価値は算出できず、妥当な株価（フェアーバリュー）も算定できない。「長期投資」を行うとする機関投資家が、たとえば2期程度の予想を基に四半期決算の達成度を気にしながら実質的には「短期投資」を行っているような状況では、「対話」は成り立たない。（下線は筆者）

　また、日本版スチュワードシップ・コード（改訂版）は、建設的な「目的を持った対話」を次のように規定している。

> 中長期的視点から投資先企業の<u>企業価値及び資本効率を高め、その持続的成長を促す</u>ことを目的とした対話（下線は筆者）

　次に米国・英国の大手機関投資家の投資対象先を選定する際に着目しているポイントについて、そのキーワード（エッセンス）を抽出する。なお、機関投資家の投資哲学や運用スタイルは様々であるが、基本的な着目点は、グローススタイルでもバリュースタイルでも同じである。

> - Stable and high returns on capital（投下資本に対して安定的かつ高いリターン）
> - Solid and long-term durability of their free-cash-flow generation（持続的かつ確実なFCFの創出）
> - Good / strong balance sheet（健全なバランスシート）
> - Stocks that are reasonable prices in relation to present or anticipated earnings, cash flow, or book value（予想利益やキャッシュフロー、簿価と比較して割安な銘柄）
> - High quality companies with above-average growth prospects that are trading at reasonable prices（平均よりも高い成長が期待でき、かつ、価格が適正な銘柄）
> - Management teams whose interests are aligned with those of shareholders（株主との目線が一致しているマネジメント）

　これらの点を総合すると下記のことが言える。

- 長期投資家とは、中長期的な観点から企業価値判断を行う機関投資家を指している（無条件に長期に保有するのとは異なる）。
- 長期投資家にとっての企業価値は、ベースの考え方として、フリーキャッシュフロー（以下、FCFという）の割引現在価値で表される。
- 長期投資家は投資対象先を選別するにあたって、投下した資本に対するリターン、FCFの創出力、バランスシートマネジメントを強く意識している。

　企業価値の考え方は立場によって様々であるが、少なくとも長期投資家にとっての企業価値のベースはFCFの割引現在価値であり、彼らにとってのリターンとは投下資本に対するリターンであることを念頭に置かなければ、投資家と企業の目線は合わず、建設的な対話は成り立たない。

(2) 株主価値の算出方法

　FCF の割引現在価値で企業価値を測定する上では、主に DCF（ディスカウントキャッシュフロー）法が活用されることが多い。M&A の際のバリュエーション算定でもよく活用される手法であり、馴染みのある読者も多いであろう。

　DCF 法は、将来発生する見込みの FCF を加重平均資本コスト（WACC）を使用して現在価値に割り引くことによって企業価値を算出する手法である。なお、資本コストについては後述するが、ここでは株式および債券投資家などの期待収益率と認識しておけば十分である。

　FCF を現在価値に割り引くことで事業価値が算定され、これに非事業性資産を加味して企業価値が算定される。企業価値から有利子負債などを控除した残額が株主に帰属する価値である。有利子負債などの残高が一定と仮定すると、企業価値が高まらない限り株主価値は増加しない（**図表 1-8**）。

　DCF 法の変数は FCF と WACC であるから、企業価値を高めるためには、FCF の創出力を高めるか WACC を引き下げるしかない。

　長期投資家にとっての企業価値の「ベース」を FCF の割引現在価値としたのは、事実として PER などといったマルチプルを使用する投資家も多いからである。ただし、PER によって試算される株主価値も DCF 法によって試算される株主価値も根本は同じである。

図表 1-8　DCF 法からみた企業価値／株主価値

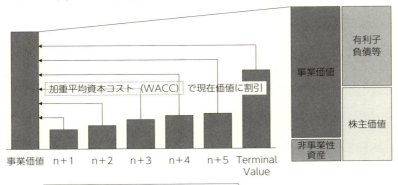

算出された事業価値に非事業性資産を加算し、有利子負債などを控除したのが株主価値。

出典：筆者が作成

PERは株価/EPSで算出されるが、PERを使用して試算される株主価値（株価）はEPSを株主資本コストで除すことによって算出される。株主資本コストはPERの逆数と同一である（厳密にはPERの逆数はr-g（株主資本コスト－永久成長率）であるが、ここでは議論の単純化のために永久成長率はゼロとみなして議論を進める）。

　　　PER ＝ 株価 / EPS
　　　株価 ＝ EPS / PERの逆数 ＝ EPS / 株主資本コスト

　一方、DCF法では、FCFをWACCで現在価値に割り引いて企業価値を算定している。FCFと会計上の利益は厳密には異なるが、企業がゴーイングコンサーンであることを前提に長期で考えた場合、減価償却と設備投資がオフセットされると想定すれば、FCFは限りなく会計上の利益に近似すると考えられる。その場合、有利子負債、非事業資産がないと仮定すると、FCFをWACCで除して求められる価値はPERで求める株主価値と実質的に同じである。

　　　事業価値 ＝ FCF / 資本コスト（WACC）
　　　※有利子負債、非事業資産がない場合は事業価値＝企業価値＝株主価値となる。

　現実的には、会計基準で要求されている減損などの非現金支出費用などによって会計上の利益とFCFが完全に一致することは稀であるが、DCF法もマルチプル法も根本は同じであることを理解すれば投資家の思考回路もわかり易くなるのではないだろうか。

(3) 資本コストとリターン

　DCF法は事業価値を算定し、そこから有利子負債などを控除することによって株主価値を求める手法であるが、株主価値そのものを直接算出するモデルも存在する。その代表例が残余利益モデル（オールソンモデル）である（**図表1-9**）。
　残余利益は当期利益から株主からの調達コスト（株主資本コスト×株主資本簿価）を控除した利益であり、付加価値部分を指す。残余利益モデルは、付加価値部分の現在価値が株主資本簿価に加算されることによって、株主価値が向上していくことを表している。

付加価値部分はEquity Spreadとして表すことも可能である。残余利益モデルの両辺を株主資本簿価で除すと「ROE－株主資本コスト」となり、実質的に残余利益モデルの付加価値部分と同義になる。このモデルが示唆するのは、Equity Spreadがプラスであれば株主の期待を上回るリターンを上げており（株主価値創造）、マイナスであれば株主の期待を下回るリターン（株主価値破壊）となっていることを意味している。

ROEは資本生産性を表す代表的な指標であるが、それ自体は単なる比率であって、経営の結果を表しているに過ぎない。重要なのは株主資本コストに対して価値を創造しているか、リターンを創出しているか、ということである。つまり、株主価値は株主の期待収益率である株主資本コストを上回るリターンを上げることによってはじめて向上する、ということに他ならない。

ここで投資家にとってのリターンと株主資本コスト／期待収益率についてイメージで捉えてみる。

図表1-10は、10年間の業績予想が瞬時に市場に織り込まれたとの仮定の下で、市場参加者の期待収益率（企業からすれば株主資本コスト）が8％である時にROEがそれぞれ10％、8％、3％のケースで価値が創造されているか否かを検証している。なお、これらのケースでは、クリーンサープラス関係を前提とし、当期純利益とB/S上の純資産の増減額が等しくなる場合を想定している。

A社のケースでは、向こう10年間ROE10％をコンスタントに上げ続ける場合を想定している。その場合、期初に100であった自己資本は、複利効果もあって10年後に259.4になる。株主の期待収益率8％をもって259.4を現在価値に割り引くと120.1になる。つまり、A社のケースでは、期初の会計上の株主資本簿価に対する株主の評価は120.1であることを意味している。これはPBRが1.2倍であることと実質的に同義であり、株主から見れば価値が創造されていることにな

図表1-9 残余利益モデルとEquity Spread

残余利益部分は株主資本簿価で除すことによってEquity Spreadとなる。

Equity Spread ＝ ROE － 株主資本コスト

出典：筆者が作成

図表 1-10　異なる ROE ごとの 10 年後の予想純利益を踏まえた株主価値のシミュレーション
向こう10年間のROE予想が市場に織り込まれたと仮定した場合、現在価値はいくらになるか？

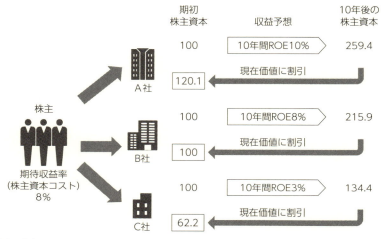

出典：筆者が作成

る。

　同様に、B 社のケースでは、ROE8％をコンスタントに上げ続ける場合を想定している。期初の自己資本 100 は複利効果もあって 10 年後には 215.9 になる。期待収益率 8％で割り引くと結局評価は株主資本簿価と同じ 100 であり、PBR でみると評価は 1.0 倍である。

　それでは C 社のケースではどうか。C 社は ROE3％をコンスタントに 10 年間上げ続け、期初の自己資本 100 は 10 年後予想では 134.4 となり、確かに増加している。しかしながら、期待収益率 8％で現在価値に割り引くと 62.2 の価値しかないと判断される。これは PBR が 0.6 倍であることと同義であり、100 あるはずの株主資本簿価が、評価上は 62.2 と簿価を下回っており、株主からすれば完全に価値が破壊されてしまっている。

　もちろん、株式市場はこれほど単純ではなく、10 年後の収益予想が等しく織り込まれることはない。市場参加者も多種多様で、短期的には様々な要因で株価は変動している。しかしながら、長期的にみれば市場の評価は概ねこのとおりに動いていると考えられる。図表 1-11 が示すとおり、実際には予想 ROE が 7％を超えるあたりから PBR が 1 倍を超える企業が増えており、予想 ROE と PBR との

図表 1-11 ROEとPBRの関係

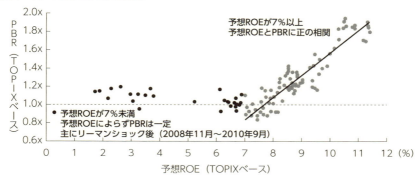

出典：野村證券 金融工学研究センターの許諾を得て掲載

間に正の相関関係がみられる。つまり市場の期待収益率は概ね7％程度であり、その期待収益率を上回るリターン（ここでは予想ROE）を上げている企業は、市場から株主資本簿価を超える評価（PBRが1倍超）を得ているといえる。

ROEと株主構成の相関についても検証した。**図表1-12**は、東証1部企業のROEと外国人持株比率・個人持株比率の平均値を算出している。

東証全体では、ROEと外国人比率には明確な相関関係があるのが分かる。時価総額帯で分類した場合にもほぼ同じ傾向がみられるが、1,000億円未満の企業は機関投資家の投資ユニバースから外れていることが多く、外国人の持株比率は相対的に低い。

時価総額が1,000億円以上になると相応のインデックス保有が入り、外国人持株比率は総じて高くなる傾向にあるが、ROEの水準が6％〜8％超になるとその持株比率はさらに高まる傾向がみられる。

なお、個人株主の持株比率とROEとの間には相関関係は見られなかった。

機関投資家が着目しているのは、持続的なFCFの創出と投下資本に対するリターンである。リターンは投資家の期待収益率／資本コストを上回ることで自己資本に加算される付加価値として市場で評価される。予想ROEが7％程度を超えるとPBRが1倍を超える企業が増えることの背景には、機関投資家の期待収益率が満たされることによってリスク選好度合いの高い海外の機関投資家の買いが入り、株価の上昇につながっているためと推察される。

本章冒頭で紹介した英国大手機関投資家の「日本企業の変革は当初想定していた以上に時間がかかるかもしれない。」という言葉は、つまるところ日本企業が投

図表1-12　ROEと外国人・個人株主持株比率の平均（2005年～2015年の10年間平均）

東証1部

ROEレンジ (%)	外国人比率	個人比率
10以上	18.9	33.0
8～10	16.0	32.7
6～8	14.6	33.2
4～6	12.2	34.1
2～4	11.4	34.9
0～2	8.9	38.6

時価総額1,000億円以上

ROEレンジ (%)	外国人比率	個人比率
10以上	25.7	23.1
8～10	23.7	22.4
6～8	22.0	23.5
4～6	18.7	23.2
2～4	21.1	23.2
0～2	19.5	28.5

時価総額1,000億円未満

ROEレンジ (%)	外国人比率	個人比率
10以上	11.2	44.0
8～10	9.4	41.4
6～8	8.7	40.8
4～6	8.0	41.1
2～4	7.8	39.2
0～2	6.8	40.7

出典：ROE・株主構成ともにSPEEDAのデータを元に筆者が作成。

資家の期待するリターンを上げるようになるまでにはまだまだ時間がかかるとみられている、ということに他ならない。

3. 「資本コスト」と「期待収益率」の実際

(1) 資本コストの整理

　企業は調達した資本を元にビジネスを展開し、投資家はリターンを求めて投資している。企業から見れば、投資家が要求するリターン（期待収益率）は、資本コストに相当する。当然のことながら、資本コストを上回るリターンを上げなければ投資家は満足しない。

　企業に資金提供する投資家は、融資を実行する銀行や企業が発行する債券に投資する債券投資家、企業が発行する株式に投資する株式投資家に大別される。

　要求リターンという観点でいえば、融資を提供する銀行にとっては金利、債券投資家にとってはクーポンがそれに相当するであろう。企業から見れば、それらは支払金利など負債コストに相当する。負債コストは、たとえば金銭消費貸借契

約書などに負担すべき金利として明記されており、企業からみれば認識し易い。
　一方で、株式に投資する投資家の要求リターンは、株価上昇（キャピタルゲイン）と配当（インカムゲイン）である。これらは企業側からみれば株主資本コストとなるものの、負債コストが具体的に数値として認識できるのとは対照的に、一般的には契約書などに明記されている訳ではない。あるのは株主の期待であり、企業側はそれを推定する必要がある。その推定方法については、日本企業の現状認識と合わせて後述する。
　株主資本コストは株主の期待収益率でもあるから、株主に帰属する利益を用いて算出される残余利益モデルの割引率や ROE のハードルレートなどとして活用される。
　負債コストと株主資本コストをその資本構成（時価）に基づいて加重平均したのが WACC（Weighted Average Cost of Capital, 加重平均資本コスト）である。WACC は、負債・株主資本双方のコストを勘案しているため、DCF 法の割引率や ROIC のハードルレートとして活用される。なお、WACC の計算式は下記のとおりである。

$$\text{WACC} = 株主資本コスト \times 自己資本 / (自己資本 + 有利子負債) \\ + 負債コスト(1 - 実効税率) \times 有利子負債 / (自己資本 + 有利子負債)$$

※自己資本と有利子負債は時価

　資本コストを整理すると**図表 1-13** のとおりとなる。
　本書執筆時点の低金利（マイナス金利）環境下において特に顕著であるが、水準感としては株主資本コストの方が負債コストよりも高くなる。しかしながら、それは前述のとおり、明記されたものではなく推定する必要がある。企業と投資家でその水準感が異なっていることが、企業価値の創造 / 破壊に対する認識が両者で大きく異なる要因となっている。

(2) 株主資本コストに関する企業の認識

　日本企業はそもそも自社の株主資本コストを認識しているのであろうか。
　生命保険協会は毎年 3 月に「株式価値向上に向けた取組みについて」と題した調査を実施している。当該調査は企業のみならず、機関投資家も対象としているのが特徴で、調査項目によっては両者の認識の差異が明らかになっている。

図表1-13　資本コストの整理

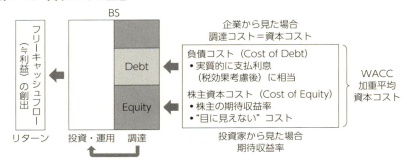

- 期待収益率を上回るフリーキャッシュフロー（≒利益）を上げなければ、投資家の要求水準を満たすリターンを上げたことにはならない。

出典：筆者が作成

　平成28年度の調査（実施期間2016年10月4日〜11月4日）によると、「資本コストの詳細数値の算出」を行っているか、という問いに対して、58.4％の企業が「詳細数値までは算出していない」としており、「詳細数値を算出している」の40.8％を大きく上回っている。前年の平成27年度の調査では、「詳細に数値を算出している」企業は37.1％に留まっていたことからすれば増加傾向にはあるものの、依然として過半数の企業が自社の資本コストを詳細に把握していないことが分かる（**図表1-14**）。

　また、日本IR協議会が2016年4月に公表した「IR活動の実態調査」においても、自社の株主資本コストの認識について初めて調査が行われている（調査期間2016年1月28日〜2016年3月7日）。

　この調査によれば、「自社の株主資本コストがどの程度の水準か」を認識している企業は44.0％であったが、こうした企業であってもその「根拠（株主資本コストの計算式など）」を把握しているのは全体の24.1％に留まっている。19.9％は自社の株主資本コストの水準感を認識していても、その計算根拠までは把握しておらず、そもそも自社の株主資本コストを認識していない50.6％の企業と合わせると、実に7割の企業が自社の株主資本コストを詳細には把握していないということになる（**図表1-15**）。

　生命保険協会、日本IR協議会、いずれの調査をみても、自社の株主資本コストを認識している企業は半分にも満たず、日本では株主資本コストの概念が未だ

第1章　機関投資家の資本生産性改善に対する期待

図表1-14　自社の資本コストの詳細を算出しているか（生命保険協会調査）

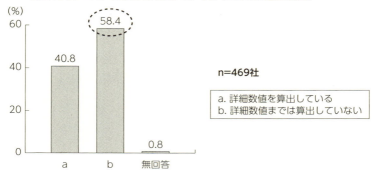

n=469社

a. 詳細数値を算出している
b. 詳細数値までは算出していない

出典：一般社団法人 生命保険協会「平成28年度 生命保険協会調査 株式価値向上に向けた取組みついて」を元に筆者が作成

図表1-15　自社の株主資本コストの認識状況（日本IR協議会）

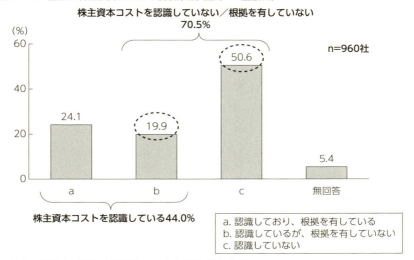

a. 認識しており、根拠を有している
b. 認識しているが、根拠を有していない
c. 認識していない

出典：日本IR協議会「IR活動の実態調査」2016年4月を元に筆者が作成

十分に普及していないことがわかる。換言すれば、多くの経営者が自社の株式に投資している株主の期待収益率を十分把握せずに経営に従事していることを示唆している。

(3) 株主資本コストの推計

では、株主資本コストを認識している企業は、自社の株主資本コストの水準感をどうみているのだろうか。

株主資本コストの推定方法にはいくつかの手法があるが、実務的に最も普及しているのはCAPM（Capital Asset Pricing Model, 資本資産価格モデル）を活用した算出式であろう。

CAPMによる株主資本コストは以下の式で算出される。

$$株主資本コスト = リスクフリーレート + \beta 値 \times エクイティリスクプレミアム$$

リスクフリーレートは無リスク利子率ともいわれ、理論上リスクを負うことなく得ることのできる利回りを指す。通常は国債利回りを用いるのが一般的である。

β（ベータ）値は、個別銘柄の変動性を表す係数である。株式市場全体（たとえばTOPIX）と比較して、どれだけのボラティリティ（変動性）があるかを示している。β値が1ということは、その個別銘柄は株式市場全体と完全に連動しているということを意味している。β値が2ということは、株式市場が10％変動した時にその個別銘柄は20％（10％×2）変動するということ、1未満であれば、その個別銘柄の変動性は市場全体の変動性よりも緩やかであることを各々意味している（図表1-16）。

個別銘柄のボラティリティは、いわばリスクである。ファイナンスの世界では、投資家はリスクに見合ったリターンを要求すると考えられているため、β値は個別銘柄に求めるべき期待リターンの係数とも言える。β値が高ければ期待リター

図表1-16　β値の考え方（TOPIXを株式市場全体とする場合）

β値が1より大きい	TOPIXの動きよりもボラティリティ（リスク）が高い。
	TOPIXよりも要求利回りは高くなる。
β値が1と等しい	TOPIXと連動した動きをする（リスクが同じ）。
	TOPIXと同じ利回りを要求する。
β値が1より小さい	TOPIXの動きよりもボラティリティ（リスク）が低い。
	TOPIXよりも要求利回りは低くなる。

出典：筆者が作成

ンも高くなり、逆に低ければ期待リターンもその分低くなる。

　エクイティリスクプレミアムは、株式市場への投資それ自体から得ようとする期待利回りである。リスクフリーレートに追加的に要求する利回りという意味合いもあり、プレミアムと表現する。通常は、株式投資から得られた平均リターンと国債の平均利回りとの差などを元に算出する。水準感は投資家によって様々であるが、日本の場合、本書執筆時点で概ね5%～6%程度の数値が用いられることが多いようである。

　たとえばリスクフリーレートが1%、β値が1.0、エクイティリスクプレミアムが6%と仮定すると、CAPMによって求められる株主資本コスト／株主の期待収益率は7.0%ということになる。

$$株主資本コスト7\% = リスクフリーレート1\% + β値1.0 \times リスクプレミアム6\%$$

　日本企業が自社の株主資本コストの水準感をどのように認識しているかに関する統計は少ないが、日本IR協議会は前掲の調査において「CAPMに基づく自社の株主資本コストの水準感」について企業にアンケート調査を行っている。

　当該調査によると、リスクフリーレート、β値およびリスクプレミアムの平均値は各々0.81%、0.98、5.93%であることから、株主資本コストの平均値は6.2%と示される（**図表1-17**）。

　リスクフリーレートは0.81%となっているが、この調査は日本銀行が「マイナス金利付き量的・質的金融緩和」を発表（2016年1月29日）した最中に実施されている。リスクフリーレートの基準金利として使用されることが多い10年国債の利回りはその後マイナスに転じており、企業におけるリスクフリーレートの水準もその後下方修正されている可能性がある点に留意されたい。

　そもそも自社の株主資本コストの根拠を詳細に把握している企業が少ない状況下での調査であるため、回答のサンプル数が106件程度と少ないという制約はあるが、日本企業が抱いている自社の株主資本コストのおおよその水準感をイメージすることはできるのではないだろうか。

(4) 株主資本コストに関する企業と投資家の認識ギャップ

　第1節でもみたとおり、企業が創出するリターンが資本コストを上回れば価値が創造され、株式市場を通じて株主資本簿価を上回る付加価値が認識されるはず

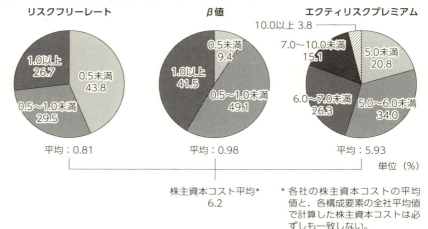

図表1-17 日本企業が認識する株主資本コストの水準感

出典：日本IR協議会「IR活動の実態調査」2016年4月を元に筆者が作成

である。

　日本企業の過去の平均ROE水準の推移をみてみると、円安効果も相まって2013年3月期から2014年3月期にかけて4.95％から8.71％と大きく上昇している（金融業を除く）。それ以降、2017年3月期に8.63％に回復するまでの間、ROEは7％台を上回り続けている。

　日本企業が認識する自社の株主資本コストの平均を前述の6.2％とすると、2014年3月期から2017年3月期までの間、日本企業のROEは株主資本コストを上回っていることから、価値が創造されていると捉えることができる。実際、2013年3月期の東証1部企業のPBRは平均で0.7倍であったが、2014年3月期以降は1倍を回復している（**図表1-18**）。

　しかしながら、PBRが1倍を回復したといっても2017年3月期はかろうじて1倍を維持している水準に留まっており、諸外国との比較では低水準であることに変わりない。株価水準に関しても、コーポレートガバナンス改革元年以降のパフォーマンスが諸外国と比較して低調であるのはすでに検証したとおりである。

　この背景としては、企業が認識する株主資本コストをROE水準が上回っているとしても、市場の主たるプレーヤーである機関投資家の期待収益率は満たしていないのではないか、という点が考えられる。

図表1-18 日本企業のROE・PBRの推移（金融業を除く）

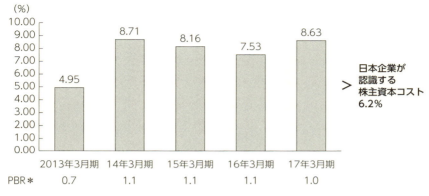

*PBRは年度末より6か月先行させた値を使用している。

出典：ROE-日本取引所グループ「2017年3月期決算短信集計【連結】《市場第一部》」のデータを元に筆者が作成。
PBR-日本取引所グループ「規模別・業種別PER・PBR（連結・単体）一覧」より「連結総合（単純）」のデータを使用。

　事実、資本コストに対するROE水準の見方は、企業と機関投資家とで大きく乖離している。前掲の生命保険協会調査によれば、ROEが自社の株主資本コストを上回っているとみている企業は42.5％にものぼるのに対し、機関投資家側はわずか2.4％に留まっている。投資家の57.0％はROEが株主資本コストを下回っていると評価しており、機関投資家と企業の間の認識ギャップは大きい（**図表1-19**）。

　また、機関投資家を対象として行われた中長期的に望ましいROE水準に関する調査では、10％以上12％未満とする回答が最も多く、その平均値は10.9％であった。機関投資家が企業に求めているROE水準は、先に紹介した日本IR協議会による調査で示された株主資本コストの水準（6.2％）を大きく上回っていることが分かる（**図表1-20**）。

　中長期的に望ましいROE水準は、必ずしも期待収益率と同一とは限らないが、少なくとも機関投資家の視点からすれば、ROEは中長期的に2桁の水準がなければ期待収益率を満たすことができないことをこうした調査の結果は示唆している。

（5）機関投資家の期待収益率の水準感

　では、実際に機関投資家が想定している期待収益率の水準はどの程度なのだろ

図表1-19　株主資本コストに対するROE水準の見方

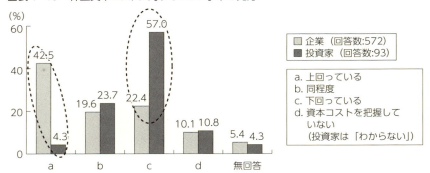

出典：一般社団法人 生命保険協会「平成28年度 生命保険協会調査 株式価値向上に向けた取組みついて」を元に筆者が作成

図表1-20　中長期的に望ましいROE水準（投資家）

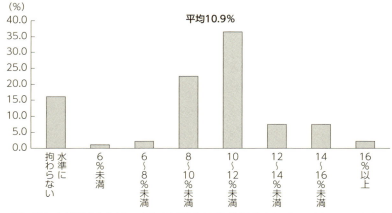

出典：一般社団法人 生命保険協会「平成28年度 生命保険協会調査 株式価値向上に向けた取組みついて」を元に筆者が作成

うか。

　機関投資家の期待収益率に関する統計は世の中に多く公表されているわけではないが、いくつかの調査・実証研究からおおよその水準感を類推することはできる。

　まず、「グローバルな機関投資家との対話では、8％を上回るROEを最低ラインとし、より高い水準を目指すべき」という伊藤レポートの提言の根拠にもなっ

た柳良平氏の調査によれば、伊藤レポート執筆時点における平均期待収益率は、国内の機関投資家が6.3％、海外の機関投資家が7.2％であった。同氏の調査は、UBSコア200の日本株に投資する国内外の主要機関投資家の運用サイド（ファンドマネージャーやアナリスト）から直接回答を得ているという意味では非常に希少価値が高い。ファンドマネージャーやアナリストは、職種柄、自らの手の内を明かすようなことを敬遠するのが通常であり、このような調査に回答するのは非常に稀である。

　2016年に実施されたフォローアップ調査では、平均期待収益率は国内の機関投資家が7.7％、海外の機関投資家が7.5％となった。国内外ともに期待収益率は上昇しているが、特に国内の機関投資家の数値が大きく上昇しているのが特徴的である。

　期待収益率の分布をみると、5％～8％としている機関投資家は、国内が75％であるのに対し、海外では84％である（**図表1-21**）。

　また、格付投資情報センターが発行する「年金情報」が実施した18社の国内の機関投資家を対象としたアンケート調査によれば、想定期間を1年とした場合の2017年度における平均期待収益率は9.2％であった。機関投資家によって想定期間は異なるものの、中長期（3年～10年）の平均期待収益率は、5.9％という結果が出ている（「年金情報」no.734 2017.4.17）。年度ごとに株価のドライバーとなるイベントは様々であるが、短期的には9.2％と相対的に高水準のリターンを見込んでいるのに対して、中長期的にはおおよそ6％の水準感であることがみてとれる。

　中長期的かつ持続的な企業価値向上の観点からみれば、日本株式に対する国内の機関投資家の中長期的な期待収益率は6％～7％、海外の機関投資家は7％～8％とみられる。日本企業が認識する株主資本コストが約6.2％であるとすれば、国内の機関投資家の期待収益率と同水準かやや下回る、海外の機関投資家からすれば期待収益率を大きく下回る水準ということになる。

　株主資本コストが残余利益モデルやDCF法における割引率を構成する要素のひとつであることを踏まえると、企業と機関投資家では、そもそも企業価値の目線が大きく異なる、と言えるのではないだろうか。

(6)「株主資本コスト」と「期待収益率」が乖離する要因
①長期投資家がみているのは経済の定常状態
　企業側が認識している株主資本コストと機関投資家が考える期待収益率の水準

図表1-21　期待収益率の分布状況(%)

■2013年調査

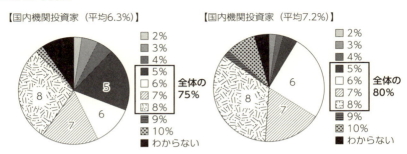

出典：2014年8月「持続的成長への競争力とインセンティブ〜企業と投資家の望ましい関係構築〜」プロジェクト最終報告書（通称：伊藤レポート）より抜粋

■2016年調査

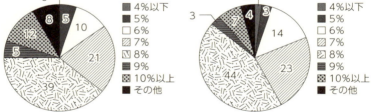

出典：西川郁生編著「企業価値向上のための財務会計リテラシー」（日本経済出版社、2016年）第4章　柳良平執筆・調査より

感が乖離する要因を考察するには、CAPMを紐解いていくのがよい。

　前述のとおり、株主資本コストはCAPMに基づいて算出されるのが一般的である。CAPMによる株主資本コストの算出式は、「リスクフリーレート＋β値 × エクイティリスクプレミアム」であるが、β値は過去データを活用する意味で企業も機関投資家もそれほど大きな差は出ない。

　エクイティリスクプレミアムは、株式投資それ自体から期待されるリターンである。この水準感は投資家によって異なるが、実務上、企業も機関投資家も概ね5％〜6％と設定しているのではないかとみられる。前述の日本IR協議会による

調査では、エクイティリスクプレミアムは5.93％であった。

　実は、企業と機関投資家の認識ギャップが最も大きいのはリスクフリーレートではないかと考えられる。

　一般的に、リスクフリーレートは、無リスク利子率として長期の国債利回りが利用される。何年物の国債利回りを使用すべきか、という点は立場によって異なるが、実務上は10年国債の利回りを利用するケースが多いとされる。

　日本銀行による異次元の金融緩和施策によって、日本における長期国債利回りの水準はここ数年大きく低下している。2016年1月29日に導入された「マイナス金利付き・量的・質的金融緩和」によって10年国債の利回りもマイナス圏で推移することが多い。

　日本IR協議会が2016年1月～3月にかけて実施した調査によれば、日本企業が認識するリスクフリーレートの水準は0.81％であったが、マイナス金利の導入によって、実務上0％を使用する企業も多いのではないかと推察される。

　では、長期投資家はどうかというと、その認識は企業と大きく異なっている。
　ひとつめの要因は、現在の経済状態をどう評価するかが、リスクフリーレートの考え方に影響を与える、という点である。長期投資家は10年単位で投資することも多いため、定常的な経済状態を想定している。その観点からすれば、過度な質的・量的緩和は一時的に金利を人工的に操作しているのであって、必ずしも経済の定常状態を表していないとも言える。日本政府のインフレターゲットが2％であることや、先進国のリスクフリーレートは概ね2％程度に収斂するといった実証研究から、独自のルールとしてリスクフリーレートを2％や3％に設定する機関投資家も存在する。

　現に、セルサイドのアナリストレポートにおいて、リスクフリーレートを1.8％や1.3％に設定している事例も見られる。なお、そうしたアナリストレポートにおけるエクイティリスクプレミアムの水準は5.0％～5.5％であり、概ね前述の前提と一致する。

　ふたつめの要因は、長期投資家の所在国である。金利水準は国によって大きく異なるため、基軸通貨が何かによってリスクフリーレートの水準感も異なる。たとえば、米国から投資する長期投資家であれば、自国の基軸通貨である米ドルを念頭に米国債の10年利回り2.4％をリスクフリーレートとして意識するであろう（2017年3月末時点）。同時期の日本の10年国債の利回りは0.067％であるから、それだけでも2ポイント程度乖離が生じていることになる（**図表1-22**）。

　実際に異なるリスクフリーレートの水準が株主資本コストにどのように影響を

与えているかは想像に難くないであろう。リスクフリーレートをゼロで設定している企業と、たとえば2%で設定している企業とでは、株主資本コストにも2%の差が生じる（**図表1-23**）。

株主資本コストが企業価値評価における割引率を構成する要素のひとつであることを踏まえると、企業と機関投資家とでリスクフリーレートが2%も乖離しているということは、企業と投資家との企業価値の評価それ自体も両者で大きく乖

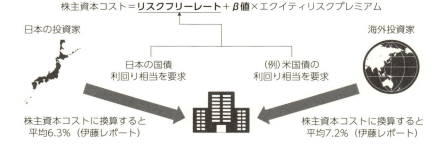

図表1-22　リスクフリーレートは投資家の所在国によって異なる

株主資本コスト＝**リスクフリーレート**＋β値×エクイティリスクプレミアム

日本の投資家　　　日本の国債利回り相当を要求　　　（例）米国債の利回り相当を要求　　　海外投資家

株主資本コストに換算すると平均6.3%（伊藤レポート）　　　株主資本コストに換算すると平均7.2%（伊藤レポート）

- 投資家は最低でも無リスク資産のリターン＝リスクフリーレートを要求するが、リスクフリーレートは国によって異なる。
- 投資家は自身の所在国に応じて要求するリスクフリーレートの水準が異なる ＝ 要求する期待収益率（株主資本コスト）が変わってくる。

出典：筆者が作成

図表1-23　定常的な経済状態を想定した株主資本コストの乖離例

項目	企業	長期投資家
リスクフリーレート	0.0%	2.0%
β	1.0	1.0
リスクプレミアム	6.0%	6.0%
株主資本コスト	6.0%	8.0%

リスクフリーレートの認識の違いから株主資本コストに2%の乖離が生じている

- 無リスク利子率。一般的には長期国債金利を使用
  - ✓ 実務上、ゼロ金利・マイナス金利下では0%
  - ✓ 企業側の平均値：0.81%（日本IR協議会調査）

- 長期投資家は定常的な経済状態を想定
  - ✓ 先進国のリスクフリーレートは概ね2%に収斂するといった実証研究や日本政府のインフレターゲットも2.0%である点、経済見通し等を総合的に加味し、ハウスルールとして独自に設定するケースが多い
  - ✓ 一旦、設定した数値は短期的に変更しない（長期にわたって適用する）

出典：筆者が作成

離しているということに他ならない。

このように、株主資本コストに対するROEの水準が企業と投資家で異なる具体的な要因のひとつに、リスクフリーレートの置き方があり、それが企業価値の評価についても大きな認識ギャップを生み出していると考察される。

②企業が認識する株主資本コストは株主の期待の総和

企業側が認識する株主資本コストは、機関投資家を含む多様な株主の期待収益率の総和とも言えるのに対して、機関投資家の期待収益率はあくまでも一投資家としてのそれを示しているに過ぎない。

前項でみたとおり、国内と海外の機関投資家でさえ期待収益率の水準は1％程度乖離している。一方で、株式市場には同じ機関投資家であっても高速取引を展開するHFTファンドや、配当狙いの個人株主のほか、デイトレーダーも存在する。

企業側は自社の株主資本コストを計算するにあたってCAPMを用いることが多いであろうが、CAPMの一構成要素であるβ値は、多様な投資家による取引の結果である。成長企業や事業リスクが高いビジネスを展開する企業であれば、それ相応のリスクを取ろうとする投資家が売買すると想定される。そうした売買を行う投資家の属性は、すべてが長期的観点で投資する機関投資家とは限らないであろう。

日本の個人株主には、いわゆる資産株として短期的な売却を想定せずに保有し続ける傾向がみられる。日本証券業協会の調査によると、個人株主の49％は「概ね長期保有・値上がり益あれば売却」するとしているが、一方で平均保有期間は「10年超」が33％、5年超まで含めると全体の67％を占める。世間一般のイメージと異なり、「配当を重視」あるいは「株主優待を重視」する株主はそれぞれ13％、12％に留まる（**図表1-24**）。

実際に期待収益率を厳密に計算した上で投資している個人投資家は多くないであろうが、配当や株主優待を重視する投資家からすれば、期待収益率は、概ね配当利回りなどに収斂していくであろう。その前提に立てば、2017年3月における有配会社の平均利回りは1.7％であるから、こうした投資家の平均期待収益率も1.7％に近似すると推察される。そこまで厳密にはいえないまでも、当事者たちが意識している／していないは別として、個人投資家の期待収益率は、機関投資家との対比では総じて低いということは言えるのではないだろうか。

企業側がCAPMを通じて観測する株主資本コストには、こうした個人投資家を含む多様な投資家の期待収益率の総和という側面があり、必ずしも機関投資家の

図表1-24　個人株主による株式の投資方針と平均保有期間

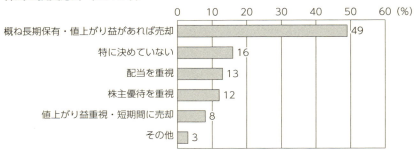

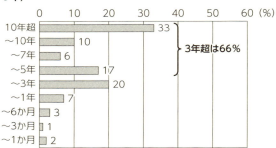

出典：日本証券業協会「個人投資家の証券投資に関する意識調査（概要）」（2016年9月5日）を元に筆者が作成

期待収益率とは整合しないケースもあることを認識すべきであろう。

③株主資本コストの推計とハードルレートの設定

　株主資本コストはWACCの変数を構成している。よって、株主資本コストの水準が異なればWACCの水準も当然異なる。

　株主資本コストやWACCは、換言すれば最低限クリアすべきROEやROICの目標値とほぼ同義である。実務上は、企業内のハードルレートと同義である。機関投資家から株主資本コストとの対比でROE水準が低いと評価されている以上、多くの企業のハードルレートは、長期的な機関投資家の要求水準よりも低く設定されている可能性が高いことを示唆している。

　資本コストを上回るリターンが価値創造に繋がる点を踏まえると、株主が納得するハードルレートの水準はどの程度かが非常に重要になる。企業の成長ステージに応じて株主構成が変化するのは事実であるが、現在の市場取引の大部分が機

関投資家で占められている以上、市場で評価されるためには機関投資家の期待収益率を意識せざるを得ないかと考えられる。

機関投資家の期待収益率を把握する手段として、自社の株式をすでに保有している機関投資家にヒアリングして直接確認する方法や、伊藤レポートで提示されている水準を参考におおよそのイメージとして機関投資家の期待収益率を捉えるといった方法が考えられる。しかしながら、すべての機関投資家から意見を聞くのは不可能であろうし、伊藤レポートはあくまでも日本市場全体について考察しているにすぎず、個別企業のリスクは調整していない。個別企業のリスクを勘案しなければ、事業リスクの実態とは大きくかけ離れたハードルレートの設定になりかねない。また、機関投資家だけが自社の株主ではないという主張も当然あろう。企業が厳密に株主資本コストを計算する際には、自社の株主構成を勘案し、より影響の大きい株主の期待収益率を意識することが市場の実態をより適切に反映させることにつながるのではないだろうか。

図表1-25は、株主構成を元に株主資本コストを算出した事例である。前述の

図表1-25　株主構成を加味したリスクフリーレートの設定(%)

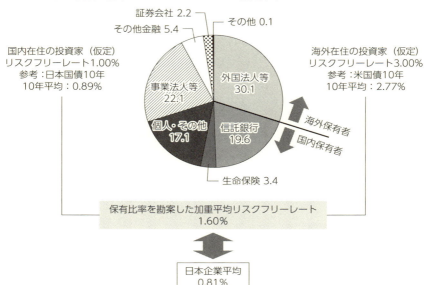

出典：株主構成は東京証券取引所他「2016年度株式分布状況調査結果について」(2017年6月20日)に基づき筆者が作成。
　　　リスクフリーレートの日本企業平均は前掲日本IR協議会調査に基づく。

とおり、投資家の所在によってリスクフリーレートの捉え方は異なる。また、長期的視点で投資する機関投資家ほど経済の定常状態を意識してリスクフリーレートを設定している。このケースでは、外国人保有分はすべて米国債の利回りを利用し、それ以外の国内投資家は日本国債の利回りを使用すると仮定している。経済の定常状態を想定して適用する金利水準も高めに設定している。

本事例ではリスクフリーレートは1.60％となり、エクイティリスクプレミアムを6.00％と仮定した場合の株主資本コストは7.60％（1.60％＋6.00％、β値は1を想定）となる。機関投資家によってはそれでも低水準と捉える可能性はあるが、自社の全株主の観点からみた場合の実態にはかなり即していると言えるのではないだろうか。

株主資本コストの推計方法に絶対的な解はなく、本事例もあくまでもひとつのアプローチにすぎない。重要なのは、自社の株主構成や個々の株主の期待収益率の水準感を意識しながら自社の株主資本コストを検討した上でハードルレートを設定する、ということである。

4. 資本生産性指標と企業価値向上

本節では資本生産性指標について整理する。前述のとおり、機関投資家のコーポレートガバナンス改革に対する期待は、資本生産性の改善にある。しかしながら、ここで留意しなければならないのは、資本生産性指標それ自体は単に経営実績を表した指標に過ぎず、資本コストとの対比で使用しなければ企業価値を創造しているか否かがわからないという点である。資本生産性指標を検討する上で重要なのは、これらの指標に対応する資本コストは何かを明確にすることである。資本コストの考え方については前節ですでに述べたとおりである。

資本生産性指標によって対応する資本コストが異なるのは、指標によって使用する利益（分子）と資本（分母）の範囲や定義が異なるからである。たとえば、ROEは比較的馴染みがあり、その定義も相対的に明確な指標であるが、ROICは解釈によって使用する分子・分母が異なる場合がある。各々の指標がもつ性質や特徴をよく理解した上で、どの指標が自社のKPIとして最も適切かを検討することが重要である。

本節では、資本生産性を「率」で表す代表例としてROA、ROIC、ROEを、「額」や「規模」で表す指標の代表例としてEVA（EP）の一般的な考え方を取り上げる。

① ROA (Return on Asset)

ROAはバランスシートの資産全体を投下資本とみなしてリターンを測る指標である。リターンを測る際の分子として何を採用するかはその時々で異なるが、経常利益や営業利益を分子とする場合には、対応する資本コストをWACCとするのが一般的である。

ROAをROEのデュポン分解式における変数のひとつと捉える場合には、当期純利益／総資産として計測するのが一般的であるが、バランスシートの調達サイドに営業債務が含まれていることから、厳密には当期純利益／総資産に対応する資本コストがない点には留意が必要である（**図表1-26**）。

② ROIC (Return on Invested Capital)

ROICは、投下資本をバランスシートの借方・貸方のいずれかで捉えるかによってその定義付けは異なる。投下資本を投資家から調達した資本と捉える場合には、調達サイド（貸方）の「有利子負債＋自己資本」を投下資本と捉えるのが一般的である。一方で、実際に事業で活用している資本と捉える場合には、バランスシートの運用サイド（借方）の「運転資本＋固定資産」を投下資本と定義する。本来両者は一致すべきであるが、現実的には非事業資産がバランスシートに含まれていることが多く、「有利子負債＋自己資本」＝「運転資本＋固定資産」とはならないことが多い。

なお、事業によっては固定資産を活用せずに展開する場合もある。卸売などに特化した事業がそれに該当するが、その場合には、ROICではなくROWC（Return on Working Capital）を使用することがある。考え方はROICと同じであるが、固定資産を事業に活用しない分、投下資本は「運転資本」のみとなる。

図表1-26　ROAの投下資本

ROA ＝ Return on Asset

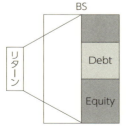

- 分母は総資産。
- 分子は経常利益、営業利益等。
 （ROEのデュポン分解式で当期純利益を使用する）
- 対応する資本コストはWACCであるが、使用する分子によってROAと資本コストは整合しないケースがある。

出典：筆者が作成

ROICの分子には、NOPAT（Net Operating Profit After Tax, 税引後営業利益）を使用するのが一般的である。税引前営業利益を使用し、分母を「有利子負債＋自己資本」とする場合には、ROCE（Return on Capital Employed）といった呼称を使用することがあるが、基本的な考え方はROICと同じである。

ROIC（ROWC、ROCEを含む）に対応する資本コストはWACCである。ROIC－WACCは、ROIC SpreadやEconomic Spreadと呼ぶ。ROICがWACCを上回っていれば、資本提供者にとって価値が創造されていると言える（**図表1-27**）。

③ ROE（Return on Equity）

ROEは、自己資本を投下資本としてリターンを測る指標である。リターンの分子は親会社に帰属する当期純利益（連結の場合）である。

対応する資本コストは株主資本コストである。ROEから株主資本コストを控除することによってEquity Spreadを算出することができる。Equity Spreadがプラスであれば価値創造、マイナスであれば価値破壊を意味する（**図表1-28**）。

④ EVA / EP

今までみてきた3つの指標が「率」であるのに対して、EVA（Economic Value

図表1-27　ROICの投下資本

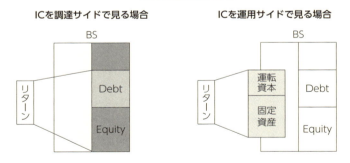

- 投下資本（IC）を調達サイドで見る場合の分母は「有利子負債＋自己資本」。運用サイドで見る場合の分母は「運転資本＋固定資産」。
- 分子はNOPAT（税引後営業利益）を使用するのが一般的。
- 対応する資本コストはWACC。
- ROIC Spread（Economic Spreadともいう）はROIC－WACCであり、プラスであれば価値創造、マイナスであれば価値破壊を意味する。
- 関連指標としてROCE（Return on Capital Employed）やROWC（Return on Working Capital）がある。

出典：筆者が作成

Added) や EP (Economic Profit) は「額」もしくは「規模」をみる指標である。

EVA は EP と同じ概念であるが、EVA はスターン・スチュワート社の登録商標である点に留意されたい。実務の世界では EP という呼称を使用するケースは少なく、実際に活用しているか否かは別として EVA という呼称の方が企業による認知度は高い。このような状況に鑑み、本書では EVA という呼称で統一する。

EVA は NOPAT から投下資本に資本コスト (WACC) を乗じた投下資本コスト額を控除することで求められる。EVA がプラスであれば価値創造、マイナスであれば価値破壊を意味する。「規模」を表す指標であるため、金額が大きい方が創造されている付加価値が高いことを意味する。

EVA は、ROIC と WACC の関係を金額ベースに引き直したと考えると理解しやすい。ROIC から WACC を控除した ROIC Spread (Economic Spread) に投下資本を乗じたものであり、投下資本に対して付加価値部分が金額換算で幾らかを表しているのと同義である。EVA の投下資本は、ROIC と同様にバランスシートの調達サイド(有利子負債+自己資本)もしくは運用サイド(運転資本+固定資産)のいずれかを使用する。

なお、EVA と類似した概念で、Equity Spread を金額換算すると残余利益になる(図表 1-29)。

繰り返しになるが、資本生産性指標で重要なポイントは、資本コストとの対比で活用する、ということである。中長期的にそれぞれの資本生産性指標が対応する資本コストを上回れば付加価値が創造され、企業価値は向上する。

では、資本生産性指標をどのように運用していけばよいのか。そのためには実

図表 1-28 ROE の投下資本

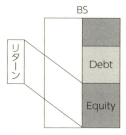

- 分母は自己資本。
- 分子は当期純利益。
- 対応する資本コストは株主資本コスト。
- Equity Spread は ROE - 株主資本コストであり、プラスであれば価値創造、マイナスであれば価値破壊を意味する。

出典:筆者が作成

図表 1-29　Economic Profit と残余利益

- **EVA**＝ Economic Value Added

  ＝ NOPAT － 投下資本 × WACC

  ＝（ROIC － WACC）× 投下資本

  ＝ ROIC Spread × 投下資本

  *EVAはスターン・スチュアート社の登録商標。
  EP（Economic Profit）は実質的にEVAと同じ。

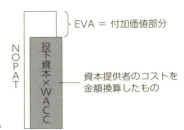

- **残余利益**

  ＝ 当期純利益 － 自己資本 × 株主資本コスト

  ＝（ROE － 株主資本コスト）× 自己資本

  ＝ Equity Spread × 自己資本

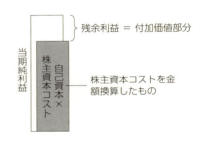

出典：筆者が作成

務の観点からROA、ROIC、ROE、EVAといった指標をどう経営管理に取り入れていくか、といった現実的な視点が必要不可欠である。

　本書では、資本生産性指標を経営管理に生かすという実務的な観点でROICに着目して解説する。ROICは決して万能な指標ではないが、他の指標と比較して事業運営／評価との親和性が高く、ROICを高めること自体がROEやROAの改善に繋がる効用が期待される。次章以降で具体的な運用方法についてみていくことにする。

第2章

ROIC活用の必要性

1. ROICが求められている背景

　本章では、昨今注目度が高まっているROICの必要性やメリットについて解説する。経営指標としてROICを導入する企業は増加傾向にあるが、これはROE改善に対する株式市場からのプレッシャーによる影響が大きい。このため、まずはROEとROICの関係から整理することとしたい。

(1) ROEを高める目的

　コーポレートガバナンス改革以降、上場企業のROE改善に対する意識は確実に高まっており、中期経営計画や決算説明資料でROEの目標値を公表する企業は増加している。図表2-1の平成28年度の生命保険協会調査によれば、回答企業の約半数がROEの目標値を設定し、公表しているとのことである。多くの上場企業がROEの改善に向けた取組みを進めているものと思われるが、ROEを高めること自体が目的とならないよう注意が必要である。

　上場企業の目的は企業価値の向上であり、ROEの改善はそのための手段の一つにすぎない。第1章でも解説したとおり、残余利益モデルでは、ROEと株主資本コストとの差であるEquity Spreadが株主価値の源泉となるため、理論的にはROEを高めることによって株主価値や企業価値は向上することとなる。また、一定水準を超えるROEとPBRの間には正の相関関係があるため、ROEを改善することによって株式市場における評価が高まり、現実の株主価値である時価総額の上昇も期待することができる。このように、一般的にはROEの改善は企業価

図表2-1　ROE目標値の設定・公表状況

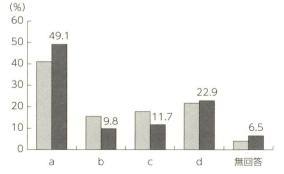

出典：平成28年度 生命保険協会調査「企業価値向上に向けた取組みについて」を元に筆者が作成

値や株主価値の向上に繋がるはずではあるが、中には企業価値の向上につながらないROEの改善もある。では、企業価値の向上を実現するためには、どのようなROE改善アプローチが望ましいのであろうか。

(2) あるべきROE改善のアプローチ

　ROEは、当期純利益を自己資本で除した指標であるため、これを改善するためには、分子である利益の増加や分母である自己資本の減少が必要となる。利益については、外部環境や競合他社の影響を受けるため、自社の見込み通りに増加するとは限らないが、自己資本については、株主還元の水準を調整することなどによりコントロールできる。

　たとえば、リキャップCB（Convertible Bond）の発行と自己株式の取得を組み合わせて財務レバレッジを調整すれば、短期的にはROEは改善する。このような財務レバレッジの調整が、余剰現預金の株主還元や、有利子負債の割合を高めることによる資本コストの低減などを目的としたものであり、財務戦略として有効であれば問題とはならない。しかしながら、財務レバレッジの調整が単に短期的なROEの改善を目的としたものであるとすれば、それは投資家や株主からの本質的な期待に応えるものではない。

　自己株式の取得は、一部の株主に対して企業価値を現金で払い戻すことを意味するため、これにより企業価値は減少してしまう。また、リキャップCBは株価の上昇局面では株式への転換権が行使される可能性が高まり、これが行使された場合には再び自己資本は増加してしまう。再度リキャップCBを発行し、転換前の資本構成を維持することも考えられなくはないが、このような場当たり的な取組みだけでは企業価値を持続的に高めることは困難であろう。

　伊藤レポートは、日本企業のROEは欧米と比較すると相対的に低く、その原因は稼ぐ力の不足にあると提言している。**図表2－2**に示した日米企業のROEとその構成要素の比較をみても、日本企業のROEの低さは財務レバレッジではなく、ROAや売上高純利益率といった収益性に主因があることが分かる。したがって、今日本企業に求められているROEの改善は、財務レバレッジを調整することで達成される短期的なものではなく、稼ぐ力を高めることによる中長期的なものであり、この結果としての持続的な企業価値向上が期待されているのである。

(3) 稼ぐ力を表すROIC

　では、ROEを改善するために必要な稼ぐ力はどのようなKPIで評価すべきで

図表 2-2　日米企業の ROE 比較

		日本	米国
ROE		7.5%	12.8%
	ROA	2.9%	5.4%
	売上高純利益率	3.5%	7.9%
	総資産回転率	0.8	0.7
	財務レバレッジ	2.6	2.3

出典：平成28年度 生命保険協会調査「企業価値向上に向けた取組みについて」を元に筆者が作成

あろうか。まず、資産利益率と売上高利益率（マージン）のいずれを選択すべきか、という問題がある。これに関しては、日米企業の ROE 水準の主な差異の要因が売上高純利益率にあることから、ROE 改善のためにはマージンを高めるべき、とも考えられる。しかしながら、マージンの水準は業種によって異なり、これを改善するのは困難な業種もある。また、株主による投資とリターンの関係を表す ROE を高めるためには、企業側も事業への投資に対するリターンの割合である資産利益率を高める必要があるが、マージンの改善が困難であるとするならば、資本回転率を改善させるアプローチでも問題ないはずである。ROE 改善のために企業が重視すべき KPI は資産利益率であり、その中でも稼ぐ力を表す指標として ROIC に対する注目が高まっている。

ROIC は、事業に投じた資金がどのくらいのリターンを生み出したかという投資効率を評価する指標であり、売上高やマージンの水準など、企業の規模や事業特性の影響を受けにくいという特徴がある。一般的な ROIC 計算式は次のとおりである。

$$ROIC = NOPAT / 投下資本$$

ROIC は、事業の収益性を評価する指標であるため、分子は事業から得られる利益として NOPAT（税引後営業利益）を用いるのが一般的である。なお、イレギュラーな事象による税金増減などの影響を除外するために、実際の税額ではなく実効税率で計算されたみなし税額を使用するケースもある。この場合には、分子の利益は NOPLAT（みなし税引後営業利益）となるが、実務上は、NOPAT は NOPLAT を含む概念として使用されているケースが多い。

図表 2-3 ROIC の投下資本の算出方法

出典：筆者が作成

　また、分母の投下資本の考え方は、資金調達サイドに着目した「①有利子負債と自己資本の合計金額を用いて計算する方法」と、資金運用サイドに着目した「②事業に使用している資産・負債を用いて計算する方法」の 2 通りがある。実務上は、データの入手可能性などを勘案し、全社ベースの ROIC は①の方法で計算し、事業別の ROIC は②の方法で計算されているケースが多いようである。

　なお、投下資本の金額は期末残高ではなく、平均値とすべきである。分子の利益が年間を通じて稼得されたものであることから、それに対応させるためにも、分母の投下資本も一定時点の残高ではなく平均値とするのが整合的である。この平均残高の計算方法としては、年次平均や月次平均など、いろいろと考え方はあるが、計算の煩雑さを考慮し、年次平均を使用するケースが一般的である。なお、ここで記載した計算式はあくまでも一般的なものであり、実務では、各社の事業特性やデータの入手可能性を勘案して、様々な計算要素が用いられている。

　図表 2-4 は、ROIC の基本的な考え方を図解している。この図で示す矢印は、株主や金融機関といった資本提供者、企業、事業の間の資金フローを表している。資本提供者は企業に資金を提供し、企業はその資金を事業に投資してリターンを得る。そして、企業はそのリターンの一部を資本提供者に還元する。このとき、資本提供者側の投資に対するリターンの割合、つまり投資利回りが WACC であり、企業側の投資に対するリターンの割合が ROIC となる。すなわち、ROICが WACC を下回ると、企業は資本提供者の期待リターンを稼得することができておらず、資本提供者の資産価値を破壊していることを意味するため、ROIC は最低限 WACC を上回る必要がある。この ROIC と WACC の差である ROIC Spread が企業価値の源泉であり、これを高めることで企業価値の向上が実現する

図表 2-4　ROIC と WACC の関係

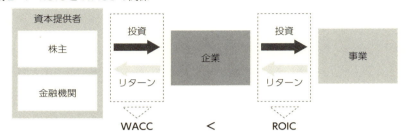

出典：筆者が作成

こととなる。

(4) なぜ ROA ではなく ROIC なのか

　資本生産性指標としては、一般的には ROIC よりも ROA の方が認知度が高く、経営管理においても使用されているケースが多いと思われる。では、なぜ ROA ではなく ROIC を活用すべきなのか。まずは、ROA の概要について説明したい。計算式は次のとおりである。

$$ROA = 当期純利益 / 総資産$$

　分子の利益としては、当期純利益の他に、営業利益、経常利益などが使用されるケースもある。ROA は、保有するすべての資産を活用して得られた利益の割合を表す指標である。ROA の計算式は非常にシンプルであり、有価証券報告書などの公表情報を利用して簡単に計算することができるため、他社との比較において利用されることが多い。また、有価証券報告書のセグメント情報を利用して、事業セグメント別の ROA を計算することもできるため、事業単位でも他社と比較することができる。

　一方、ROIC については、公表情報から全社ベースの数値を計算することはできるものの、セグメント別の計算は困難である。したがって、ROA は他社との比較可能性という面では ROIC よりも優れているといえる。ここで、**図表 2-5** を見てほしい。

　このグラフは、企業が重視することが望ましい指標について、投資家からアンケートをとった際の回答結果を示している。平成 25 年度は ROA と ROIC が同水

第 2 章　ROIC 活用の必要性

図表 2-5　投資家が考える「企業が重視することが望ましい指標」

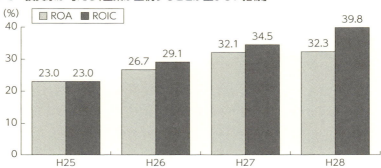

出典：平成25年度〜平成28年度 生命保険協会調査「企業価値向上に向けた取組みについて」を元に筆者が作成

図表 2-6　資本生産性指標の計算式における分母と比較すべき資本コスト

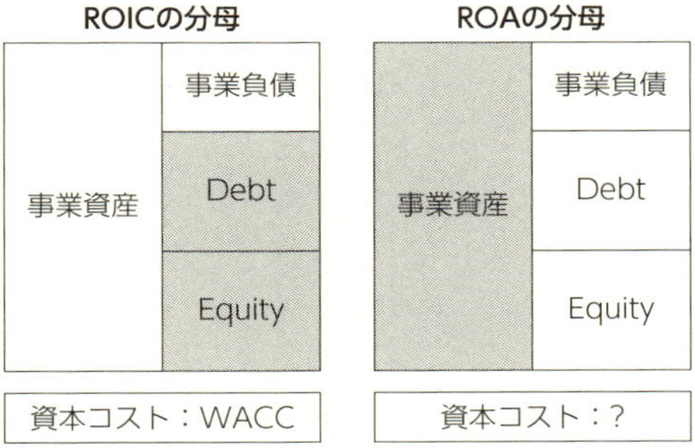

出典：筆者が作成

準であったが、平成 28 年度は ROIC が ROA を大きく上回る結果となっている。企業の方々にとっては、一般的によく使われる ROA と、ほとんど目にすることのない ROIC が拮抗し、直近では ROIC の重要度の方が高いという結果は驚きではないだろうか。

　では、なぜ投資家は ROA よりも ROIC を重視するのだろうか。これは、ROIC が資本コストとの比較で評価される指標であり、資本市場を意識した経営にとっては有用な指標であるというのがひとつの理由である。

　図表 2-6 のとおり、ROIC は有利子負債と自己資本で調達した資金を事業に投資した結果得られるリターンの比率を表す指標であることから、事業資金の提供者である金融機関と株主の期待収益率を加重平均した WACC と比較することで

資本提供者の期待を上回ったか否かが評価される。これに対してROAは、調達サイドに事業負債が含まれていることから、資金調達コストとの比較でパフォーマンスを評価するのは困難である。このため、資本コストを上回るリターンを企業に期待する投資家は、資本コストが評価の基準となるROICを重視した経営を期待するのである。

先に述べたとおり、ROAはシンプルさや他社との比較可能性において優れた指標ではある。しかしながら、投資家や株主のリターンを意識した経営が求められる昨今においては、ROICの重要性がより増している。したがって、ROAではなくROICを活用し、その改善を図ることが、ROEや企業価値向上の王道であると考えられる。

2. フロー経営からROIC経営へ

(1) フロー経営の限界

ROEの向上が必要な状況においては、ROICを重視した経営は非常に効果的である。では、すでにROEが十分高い企業であれば、ROICを活用する必要はないのだろうか。実は、ROICは資本市場を意識した経営に有効な指標であると同時に、多くの日本企業の経営管理における問題点を解決できる指標でもある。

現状では、多くの日本企業が売上、利益、キャッシュフロー、売上利益率などのフロー指標を重視した経営を行っている。このように、多くの日本企業で行われている損益やキャッシュフローを重視した経営管理スタイルを、本書では「フロー経営」と定義するが、図表2-7のグラフは、企業に対して「中期経営計画で公表している指標」を、投資家に対して「企業が経営目標として重視すべき指標」をそれぞれ質問した結果を重ね合わせている。この結果からも明らかなように、企業はROEを重要な指標と認識してはいるものの、他の資本生産性指標に対する意識は低く、経営においては売上や利益などのフロー指標を重視している状況にある。一方で投資家は、投資に対するリターンを重視するため、ROE、ROIC、ROAなどの資本生産性指標を重視している。

これまでの日本企業の経営管理は、売上至上主義から利益重視、さらにキャッシュフロー経営へと段階的にステップアップしてきた。しかしながら、これらのKPIは、いずれも一定期間の成果のみを評価するものである。こうしたKPIが重視されていた要因としては、業績を評価する上で非常に分かりやすい点、株式の持合いや十分な対話を行わない機関投資家など「物言わぬ株主」の存在により、

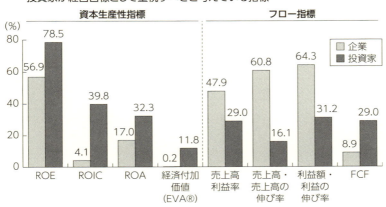

図表2-7　企業が中期経営計画で公表している指標と
　　　　　投資家が経営目標として重視すべきと考えている指標

出典：平成28年度 生命保険協会調査「企業価値向上に向けた取組みについて」を元に筆者が作成

株主からの資本生産性や企業価値向上に関するプレッシャーが弱かった点、企業の資金調達が間接金融中心であり、金融機関の関心が返済原資たる利益やキャッシュフローにあった点などが挙げられる。

こうしたフロー経営には、企業価値向上を目指す上で次の3つの大きな問題があると考えられる。

①　資本市場に対する説明力が弱い
②　事業投資に関するPDCAサイクルが機能しない
③　バランスシートへの意識が不十分

これらのフロー経営の問題点は、経営管理にROICを導入することで解決が可能であり、その解決力こそがROICを活用することのメリットである。以降で各々の論点の内容とROICがなぜ有効なのかについて解説する。

(2) フロー経営の問題、ROICのメリット
①資本市場に対する説明力

フロー経営で重視されるKPIは、資本コストと比較することができない。したがって、フロー経営の企業が、中期経営計画で売上や利益の目標値のみを公表しても、投資家や株主は、自らに対するリターンを示すROEがどの程度かが明確にならず、また、そもそも株主に対するリターンを意識していない経営陣に対し

て不満を抱くであろう。

これに対して、ROICは資本コストと比較することで評価されるKPIであるため、経営管理にROICを導入し、その改善を通じてROEの向上を図ろうとする経営陣の姿勢は、資本市場から高く評価されるであろう。

②事業投資に関するPDCAサイクル

企業が設備投資やM&Aを検討する場合には、事業部門が社内の投資基準に従って、案件の概要、投資の目的、定量的評価、リスクなどをまとめた社内審査資料を作成し、それを元に投資審査が行われるのが一般的なプロセスである。投資基準や投資審査プロセスに関する適切な仕組みが構築されていたとしても、フロー経営の企業では、当該投資案件実行後にモニタリングが十分行われていないケースが多い。これは経営管理の重大な欠陥であり、企業価値向上の観点からも大きな問題である。

M&Aに関しては、投資検討時における対象会社の事業計画と投資後の実績を比較することにより投資案件をモニタリングできるため、多くの企業で当該M&A投資に関するPDCA（Plan-Do-Check-Action）サイクルが機能することになる。

一方で、設備投資の場合はどうであろうか。多くの企業は投資を計画するに際して、当該投資に係る将来損益やキャッシュフローを予測し、IRR（Internal rate of return、内部収益率）やNPV（Net Present Value、正味現在価値）を見積もることで投資案件を定量的に評価している。しかしながら、設備投資の検討時における将来損益やキャッシュフローの計画と、投資実行後の実績との比較は実務上ハードルが高い。企業の経営管理システムにおいて、当該設備投資に関する損益実績のみの抽出は困難な場合が多く、また、個別に手作業で関連損益項目を抽出して集計するには膨大な作業時間を要するため、実際には実績値の集計や計画との比較を実施していない企業が多い。

このように、設備投資案件には損益やキャッシュフローでモニタリングできないケースがある。では、このような制約がある中で、どうすれば設備投資に関してもPDCAサイクルのCであるチェック機能を働かせられるであろうか。

この点に関して、フロー経営では資産効率という視点がないため、設備投資に関するPDCAサイクルを機能させるのは非常に困難である。FCFをKPIとしている企業は、各期の投資キャッシュフローの総額を把握することはできるものの、投資が期待したリターンを生み出しているか否かを検証することはできない。

投資に関するチェック機能が働かない場合には、投資計画の妥当性を事後的に検証することができないため、事業部門は投資効果に関する楽観的な予測や、必

図表 2-8　設備投資に係る PDCA サイクルの機能不全

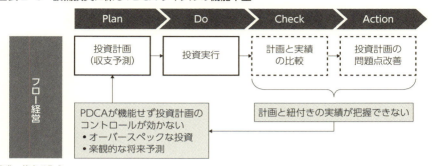

出典：筆者が作成

要以上に高機能・高性能の投資を行うかもしれない。情報格差もあってコーポレート部門は事業に関する深い知見がないことから、事業部門が作成した投資計画を適切に評価することができない面もあり、リスクの高い投資やオーバースペックな投資が実行されてしまうかもしれない。このような状況が続けば、結果的にハードルレートを下回るリターンしか得られない投資が増加し、企業価値の低下につながりかねない。

では、ROIC を導入しさえすればこの問題は解決できるのだろうか。結論からいえば、ROIC を導入したとしても、投資計画に紐付く実績を把握することができなければ、個々の投資案件について PDCA サイクルを確立することは不可能である。しかしながら、個々の投資案件ではなく、SBU（Strategic Business Unit、戦略事業単位）や事業部門単位の ROIC を管理することにより、事業投資に対して一定のチェック機能を働かせることは可能である。

図表 2-9 の設例は、200 の投資を実行したにもかかわらず利益が全く増えなかったケースを想定している。この場合、営業利益は変動がないため、営業利益の水準を重視するフロー経営の観点からは当該投資の失敗は認識されない。一方で、ROIC は 10％から 8％に低下することから、この原因分析を行うことで投資の失敗を認識することができる。投資の失敗の原因分析を行うことにより、投資計画の問題点を把握し、その問題に対する施策を実行することにより、投資のPDCA サイクルが確立され、投資計画の精度を高めることができる。また、ROICを業績評価指標とする場合には、事業部門が自らの ROIC を低下させる可能性のあるリスクの高い投資やオーバースペックな投資を自制する効果も期待すること

図表 2-9　ROICによる投資効果の把握

設 例				
		投資前	投資後	前提
	利益	100	100	200の投資を実行したものの、投資による増益効果はゼロであった
	投下資本	1,000	1,200	
	ROIC	10%	8%	

出典：筆者が作成

ができる。

　企業価値向上において、事業投資は非常に重要なドライバーであるにもかかわらず、投資計画の精度の向上を図ることができない仕組みとなっている点は、経営管理における欠陥と考えられる。限りある経営資源を効果的かつ効率的に活用するためには、フロー指標だけではなく、KPIとしてROICを導入し、投資に関するPDCAを強化することが有効となるのではないだろうか。なお、この問題は、資本コストを意識した経営の要否とは異なる論点であり、すべての企業で対応が必要と考えられる。

③バランスシートへの意識

　バランスシートの事業資産・負債は、株主や金融機関から調達した資金を事業に投下した結果としてのストックを表しているが、これらのうち資本コストを上回るリターンをあげていないものがある場合には、何らかの対策が必要となる。具体的には、不採算事業・製品、余剰現預金、遊休資産、低収益の賃貸資産、政策保有株式が想定される。

　フロー経営の企業であっても部分的に運転資本の状況をモニタリングしているケースは多いが、低収益資産を網羅的に把握するまでには至っておらず、バランスシートの管理としては不十分である。フロー経営の企業がバランスシートを強く意識するタイミングは、事業の収益性悪化により減損処理の必要性が高まった場合など、フロー指標を悪化させるリスクが顕在化した時点であることが多い。このように、バランスシートの継続的なモニタリングの欠如が課題に対する対応の遅延を招くばかりでなく、余剰現預金や遊休資産などの低収益資産の存在も経営管理上の課題として認識されないこととなる。

　一方で、KPIとしてROICを導入した場合には、投資効率に問題のある低収益資産にメスが入ることとなるため、フロー経営では把握されなかった問題が改善

され、バランスシートのスリム化やより筋肉質な財務体質への転換につながるものと期待される。

(3) ROIC経営の必要性

株式市場を意識した経営が求められる状況や、フロー経営における問題点を踏まえると、企業はフロー指標に加えてROICも活用した「ROIC経営」へのシフトを進めるべきである。図表2-10は、フロー経営とROIC経営を比較している。

フロー経営における経営管理の視点は「いくら儲けたか」であり、売上、利益、キャッシュフローなどをKPIとした経営管理がなされる。一方で、ROIC経営においては、「元手をいくら増やしたか」が重要であり、利益やキャッシュフローなどのフロー指標に加えて投資効率を評価するROICを重視した経営管理がなされる。ここで、「いくら儲けたか」と「元手をいくら増やしたか」という視点は同じ

図表2-10 フロー経営とROIC経営の比較

		フロー経営	ROIC経営
経営管理の方針	経営管理の視点	いくら儲けたか？	元手をいくら増やしたか？
	重視するもの	期間損益・CF	投資効率
	具体的なKPI	売上、利益、CF	ROIC+利益・CF
	数値例	利益 A社100 B社100／投下資本 A社1,000 B社5,000／ROIC A社10% B社2%／A社とB社は同じ評価	利益 A社100 B社100／投下資本 A社1,000 B社5,000／ROIC A社10% B社2%／A社の方が収益性が高い
ROIC経営のメリット／フロー経営の問題点	株式市場への説明力	不十分（資本コストとの比較なし）	十分（資本コストとの比較あり）
	事業投資のPDCA	P D C A／投資の精度改善が進まない／チェック機能弱い	P D C A／投資の精度向上／ROICでモニタリング
	バランスシートへの意識	低い（KPIに対する影響は限定的）	高い（ROICに影響を与える）

→ フロー経営の限界。企業価値を重視したROIC経営への転換が必要

出典：筆者が作成

ではないか、と思われる読者もいるだろう。確かに、「儲けた金額」と「元手が増えた金額」は同じであるが、ROIC 経営はあくまでも「元手」を起点とした考え方であることを強調したい。

たとえば図表 2-10 の数値例のように、利益がいずれも 100 の A 社と B 社は、フロー経営の観点からは 100 の利益を稼いだ企業として同じ評価となる。ここで、この利益獲得のために投資した資金が A 社は 1,000、B 社は 5,000 であったとすると、両社の ROIC はそれぞれ 10％、2％となる。両社の WACC が同じと仮定すると、ROIC 経営の観点からは、利益が同じであっても ROIC Spread が高い A 社の方が高く評価されることとなり、フロー経営とは異なる結果となる。

これは、フロー経営により毎期の損益やキャッシュフローを注視している経営者の視点と、企業に投じた資金に対するリターンの割合を注視している株主の視点との違いを表しており、資本市場を意識した経営が求められる現状では、株主の視点も考慮した ROIC 経営の必要性がより高まっていると言えるだろう。

また、先に述べたとおり、フロー経営では、利益を獲得するためにいくらの資金を投じたかという投資効率の観点が欠如していることから、事業投資の PDCA サイクルが機能しない、バランスシートへの意識が低いといった問題も生じてしまう。ここまで述べたように、これまで、売上→利益→キャッシュフローとステップアップしてきた企業の経営管理は、株式市場との関係の変化により、更なるステップアップを求められている状況にある。そして、この次のステップは、資本コストを意識した上でバランスシートも管理する ROIC 経営であろう。なお、誤解がないよう強調しておくが、ROIC 経営においても、利益やキャッシュフローといったフロー指標の重要性は変わらない。しかしながら、フロー指標のみでは不足する部分があるため、これを補うべく ROIC を活用した ROIC 経営が必要とされるのである。

(4) ROIC 経営により投資の PDCA サイクルが強化された事例

フロー重視の経営管理を行っていた A 社は、事業拡大に伴ってバランスシートが肥大化する一方、利益面の成長はそれほど見られず、収益力に比して過大債務の状況にあった。こうした状況を受けて、同社は事業部門の評価指標として ROIC を導入し、バランスシートの改善に着手した。

それまで同社の各事業部門の業績評価は、売上と利益に基づいていたため、適切な投資審査プロセスは確立されていたものの、投資の成果に関する事後的な検証は行われていなかった。

しかしながら、ROIC が事業部門の評価指標として導入されたことにより、各事業部門の投資に関するスタンスは大きく変化した。ROIC 導入前の事業部門は「投資に必要な資金は無限にあり、投資の目的は売上や利益を増やすこと」と考える傾向があった。多少リスクの高い投資やオーバースペックな投資であったとしても、投資計画をロジカルに作成し、事業面の専門的な判断までは困難なコーポレート部門を説き伏せることにより、計画の承認を得て投資を実行してきた。その結果、十分なリターンが得られない投資が積み上がり、これが財務内容の悪化につながっていた。

ROIC が評価指標とされて以降は、このような効率の悪い投資を実行した場合には、自らの事業部門の ROIC が低下する可能性があるため、各事業部門は投資計画の立案やスペックを検討するに際して、次第に慎重に判断するようになった。このケースでは、業績評価指標として導入した ROIC が投資のチェック機能を果たすことで PDCA サイクルが確立され、投資計画の精度は大幅に改善した。また、各事業部門が、ROIC を高めるために不採算製品からの撤退や低収益資産の処分を一気に進めたことにより、経営課題であった財務内容の改善も急速に進展させることができたのである。

(5) ROIC の課題

ROIC は、フロー経営の欠陥を補うために有効な KPI ではあるが、使い方を誤ると逆に企業価値を低下させてしまうリスクがあるため、注意が必要である。ここで、図表 2-11 をご覧いただきたい。

この設例は、設備投資計画に関する NPV と ROIC の関係を示している。この企業は、投資判断における定量的評価として NPV を採用しているが、将来キャッシュフローの割引現在価値合計 556 は設備投資額 500 を上回っており、NPV はプラスと判定され、当該設備投資は実行されることとなった。

一方で、ROIC の状況を確認すると、この設備投資に係る将来 5 年間の平均 ROIC は 13% と試算され、WACC の 6% を上回っている。しかしながら、単年度の ROIC をみると、投資後 2 年間は利益水準が低く、また減価償却が進んでいないことから分母の投下資本残高も多額であるため ROIC は非常に低い水準で推移し、WACC を下回っている。その後徐々に利益が増加し、また投下資本残高も減価償却により減少するため、ROIC は大幅に上昇する。

このように、投資直後に利益が低水準となる場合には、現状の ROIC の水準によっては投資が全社や事業部門の ROIC を低下させることがある。投資の規模が

図表2-11 NPVとROICの関係

		合計/平均	x1	x2	x3	x4	x5
NPVの計算	営業利益		10	20	50	80	80
	減価償却費		100	100	100	100	100
	EBITDA		110	120	150	180	180
	税金		−3	−6	−15	−24	−24
	FCF		107	114	135	156	156
	現在価値	556	101	101	113	124	117
	設備投資額	−500					
	NPV	56					
ROICの計算	平均投下資本	250	400	300	200	100	0
	NOPAT	34	7	14	35	56	56
	ROIC	13%	2%	4%	14%	37%	112%

設例の前提条件：税率30％、WACC6％、運転資本増減・追加設備投資はゼロ

出典：筆者が作成

大きければROICに与える影響は大きくなるため、事業部門がコーポレート部門からROICの改善を求められているようなケースでは、目先のROICの低下を避けるために、必要な投資を先延ばしする可能性がある。この投資の延期により事業の競争力・収益力が低下すると、事業部門はROICを維持するために投資をさらに延期するかもしれない。このように、短期的なROICの改善に固執しすぎると、事業部門は成長性よりも効率性を重視してしまい、事業が徐々に縮小均衡に陥るリスクが懸念される。したがって、このようなリスクを回避するためには、ROIC経営へシフトする際にあわせて次のような仕組みを構築しておくことが重要である。

① 中長期的な視点で改善を目指す
② 事業特性を勘案した目標設定
③ 他のKPIとのバランス

①中長期的な視点で改善を目指す

ROICを事業部門の業績管理指標とする場合には、通常、事業部門側の反応は

ネガティブであることが多い。事業を成長させたい事業部門にとって、効率性指標であるROICは成長の足枷となりうるため、投資の抑制による縮小均衡リスクを懸念するケースも多くみられる。事業部門がROICを改善させる目標設定と、投資することによりROICが悪化するという現実との間で板挟みとなってしまい、社内が混乱した事例もある。

　投資することでROICの悪化が避けられないのであれば、目標設定の方法を変えることによってこの問題は解決することができる。つまり、コーポレート部門が、前期よりも当期、当期よりも来期、という継続的なROICの改善を事業部門に求めないことである。ROEやROICなどの資本生産性指標は、中長期的な視点で評価されるべきものであり、その改善プロセスも中長期的な視点で考えるべきである。

②事業特性を勘案した目標設定

　ROICの目標設定に際しては、事業特性を勘案することが重要である。事業によっては、①で述べた中期的な改善すら求めない方がよいケースもある。企業価値向上のためにはROICの改善が必要ではあるが、重視すべきは全社のROICの改善であり、全事業のROICの改善とは限らない。ROICは効率性を測る指標であるため、市場が成熟した事業にとっては有効な指標となるが、市場の成長が期待され、企業としても積極的に投資したいと考えている事業にとっては成長の足枷になってしまうケースもある。

　このように、事業の置かれている状況によっては、ROICの改善を進めることが成長を阻害してしまうことがある。全社ROICの向上という目標を達成するため、経営層やコーポレート部門は、各事業部門の事業特性を把握するとともに、各事業部門との対話により十分意思疎通を行った上で目標設定を行うことが必要である。

③他のKPIとのバランス

　ROICは投資効率を表す指標であるため、収益の規模を把握することはできない。たとえば、各事業をROICのみで評価し、ROICが低い事業の売却や撤退を進めたとしよう。これにより、全体のROICは確実に高まるように思えるが、全体の利益額は減少してしまうため、本社費用の削減が進まない限り、全体のROICが低下してしまう場合もある。このように、ROICだけでは収益規模の観点が欠けてしまうため、他のKPIもあわせてこの点を補完する必要がある。この収益規模を補完するKPIとしては、利益やキャッシュフローなどのフロー指標を採用すべきである。フロー指標とROICは、各々単独では何らかの欠点があるが、

合わせて利用することで互いの欠点を補うことができ、企業価値向上に向けた活動においても有効に機能する。

　このように、ROICは完璧なKPIではないため、使い方によっては企業を誤った方向に導いてしまうリスクもある。ROICの欠点を十分理解した上で、その欠点を補うような仕組み作りや目標設定を行うことが肝要である。

第3章

ROICの導入に関する論点

1. ROIC の分子・分母に関する論点

(1) ROE から ROIC への展開

第2章では ROIC 活用の必要性について述べてきたが、本章では、ROIC 経営にシフトする際に検討すべき実務上の論点について解説したい。

まず、ROIC の計算式であるが、第2章1節 (3) でも示したとおり、一般的な計算式は次のとおりである。

$$\text{ROIC} = \text{NOPAT} / 投下資本$$

ROIC は対外的に公表が求められる指標ではないため、計算式の分子と分母は自社の状況や経営方針に沿ったものを採用すべきである。この分子・分母の考え方は、全社 ROIC と事業別 ROIC では異なる。ここでは、まず全社 ROIC の分子・分母の考え方について整理してみたい。

全社 ROIC の計算式を考慮するに際しては、ROE との連動性を重視すべきである。ROIC は ROE の構成要素の一つであるため、その目標水準を設定する際には、まず ROE の目標値を設定し、これを元に ROIC の目標値を検討する考え方もある。ROE と ROIC の連動性が低く、ROE が ROIC 以外の構成要素の影響を大きく受ける場合には、ROIC の改善が必ずしも ROE の改善に寄与せず、経営管理が十分機能しない可能性がある。

一般的な ROIC の計算式を用いて ROE を展開した場合、ROE と ROIC の関係は次のようになる。

$$
\begin{aligned}
\text{ROE} &= 当期純利益/自己資本 \\
&= (\text{NOPAT} \pm その他損益^{※}) / 投下資本 \times 投下資本 / 自己資本 \\
&= (\text{NOPAT} / 投下資本 \pm その他損益/投下資本) \times 投下資本 / 自己資本 \\
&= (\text{ROIC} \pm その他損益 / 投下資本) \times 投下資本 / 自己資本 \\
&= \text{ROIC} \times 投下資本 / 自己資本 \pm その他損益 / 自己資本 \\
&= \text{(a)ROIC} \times \text{(b)財務レバレッジ} \pm \text{(c)NOPATと純利益との差額調整項目}
\end{aligned}
$$

※その他損益 ＝ 営業外・特別損益 ± 非支配持分損益

(a)は ROIC であるため、ROIC を高めることで ROE が高まることが分かる。また(b)は財務レバレッジを表しているが、投下資本を有利子負債と自己資本の合計

と考えれば、有利子負債の増加や自己資本の減少によってROEが高まることになる。したがって、リキャップCB発行による自己株式取得のような財務レバレッジの調整もROEを高める効果があることが分かる。(c)は、ROEの分子である当期純利益とROICの分子であるNOPATの差分を調整するものであり、これがプラスであればROEは高まることとなる。このように、一般的なROICの計算式では、ROEからROICへの展開式は複雑化してしまう。したがって、ROICの計算式における分子・分母をどのように設定するかを検討する際しては、ROEとの繋がりを単純化するという点と事業の収益性を適切に評価するという点のバランスを考慮する必要がある。

(2) ROICの2つの側面

図表3-1はROEとROICの計算式における分母と分子の関係を示している。ROEは株主に帰属するリターンの水準を表す指標であるため、株主の持分である自己資本と、親会社株主に帰属する当期純利益により計算される。

次にROICの計算式についてであるが、まずROICには2つの側面があることを確認しておきたい。1つはROE同様、資本提供者が企業に投下した資金でどのくらいのリターンが得られたかという資本提供者の投資効率を評価するアプローチである。これはバランスシートの資金調達サイドに着目したアプローチである。この場合には、分母である投下資本は、資本提供者の投下資本である有利子負債と自己資本の合計となる。また、分子の利益は、ROEと同様に親会社株主に帰属する当期純利益と、有利子負債の提供者のリターンである支払利息の合計、つまり利払前税引後利益となる（**図表3-1**のA）。

一方で、企業が事業に投下した資金でどのくらいのリターンが得られたかという事業の投資効率を評価する視点、すなわち、バランスシートの資金運用サイドからのアプローチもある。この場合、分母である投下資本は、事業資産と事業負債の純額となる。分子については、一般的なROICの計算式ではNOPATが使用されるが、実務上はNOPAT以外の利益が使用されているケースも多い。特に特別損益などを含む利益として、EBIT（Earnings Before Interest and Taxes、利払前税引前利益）を使用している企業が多いようである。現時点における事業の収益性を評価するためにはNOPATを使用するのが望ましいという考えがある一方、投資の失敗により生じる特別損失なども含めた損益で評価すべきという考え方もある。また、法人税等についてはコーポレート部門が一元管理しているため、事業部門の損益は管理不能な法人税等を除いた税引前で評価するのが望ましいとい

図表3-1 ROEとROICの分母と分子の関係

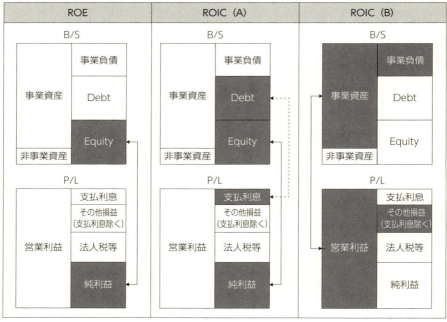

出典：筆者が作成

う考え方もある。こうしたことから、実務上は特別損益などを含み、法人税等を除外したEBITを採用する企業が多いものと思われる。(**図表3-1のB**)。なお、ROICの分子にEBITを採用する場合には、単純にWACCと比較することはできない。EBITは税引前利益であるため、WACCも税引前ベースに調整し、収益性のハードルを引き上げる必要がある。

(3) 全社・事業部門におけるROICの計算式

資本提供者側の投資・リターンと、企業の投資・リターンというROICが持つ2つの側面を勘案し、全社と事業部門各々のROIC計算式の構成要素は、結論的には次の取扱いとすることが望ましいと考える。

全社ROIC　　：利払前税引後利益／（有利子負債＋自己資本）（**図表3-1のA**）
事業別ROIC：EBIT／（事業資産と事業負債の純額）（**図表3-1のB**）

全社ROICは、ROEとの繋がりを重視すべきであるため、資本提供者側の投

資・リターンが評価可能な計算式としなければならない。また、事業別ROICについては、事業に係る営業外・特別損益を事業部門の評価に反映させる一方、事業部門で管理不能な法人税等については除外することで各事業の収益性が適切に評価され、事業部門の投資責任が明確になる。この全社ROICと事業別ROICの計算式の差異である非事業資産と法人税等、また、ROEと全社ROICとの差異である有利子負債と支払利息については、コーポレート部門が全社的な視点で管理することが望ましい。コーポレート部門は、政策保有株式や賃貸不動産などの非事業資産の取扱い、最適資本構成、タックスプランニングなどについて責任を持ち、全社ROICの改善に貢献することが期待される。

このようにROIC計算式の構成要素を設定することにより、ROEと全社ROIC、全社ROICと事業別ROICの関係が整理され、コーポレート部門と事業部門の責任範囲や役割分担を明確化することができる。

(4) 本社費の取り扱い

全社ROICから事業別ROICを展開する上でもう1点問題となるのは、本社費の取り扱いである。実務上は次のいずれかの方法が採られている。

①本社費を各事業部門に配賦する方法

本社費を一定の基準で各事業部門に配賦することにより、事業部門合計のROICが全社ROICと一致するため、目標設定や管理が容易になる。また、各事業部門は自らの業績の引き下げ要因となり得る本社費について可能な限り削減を求めるであろうから、本社費の増大について社内の牽制機能が働くことが期待される。一方で、本社費の配賦基準としては、使用面積、人員数、売上規模などから費目ごとに適切な基準が採用されることが多いが、この配賦基準の考え方に関して、本社費負担が大きい事業部門が他の事業部門との比較から不満を抱き、コーポレート部門と事業部門間に軋轢が生じるケースもある。

②本社費を各事業部門に配賦しない方法

本社費を各事業部門に配賦しない場合には、①のようにコーポレート部門と事業部門間で配賦基準について揉めることはない。ただし、この場合には、本社費に対する事業部門の意識が低くなることから、本社費の肥大化に関する牽制機能が十分働かなくなる可能性がある。したがって、本社費の規模を適正化するための仕組みを別途構築する必要がある。しかしながら、現状の本社費が適切な水準か否かを判断するのは一筋縄ではいかない。また、本社費を支出するコーポレート部門がこうした分析や判断を行う場合には相互牽制が働かないため、現実的に

は本社費に関するチェック機能を担保する仕組みの構築は困難と考えられる。本社費を各事業部門に配賦し、コーポレート部門と事業部門との利害相反関係による牽制機能を利用した方が、本社費を適切な水準に管理することができる可能性は高いであろう。

また、たとえば、2期連続でROICがWACCを下回った場合には事業の方向性を検討する、といった事業の撤退基準を設定した場合、本社費配賦前のROICではこの基準自体が緩くなってしまう。また、本社費を負担しないROICでは、競合他社のROIC（全社ベース）との比較可能性も損なうこととなる。

①と②いずれの方法にもメリット・デメリットがあるが、本社費に関する牽制機能を有効なものとするためには、①の本社費を各部門に配賦する方法を採用するのが望ましい。

2. 事業別ROICに関する論点

(1) 事業別ROICにおける分子

事業別ROICの計算式における分子については、本章第1節で述べたEBITではなく、営業利益を採用すべきという考え方もある。両者のメリット・課題は次のとおりである。

①事業別ROICの分子をEBITとする方法

この場合には、営業利益に加えて特別損益なども計算式の分子に含まれることになる。事業投資を行うのは事業部門であるから、投資責任、すなわち投資の失敗で生じた損失は事業部門が負担すべきという考え方がこの背景にある。事業部門に投資効率の意識を高めさせるためには、投資の失敗による損失が自部門の評価に影響を与えることを意識させる必要がある。この観点からは、ROICの分子にはEBITを使用することが望ましい。なお、ここではEBITを純利益に支払利息と法人税等を加えた利益と考えているため、営業外・特別損益なども含まれることとなる。ただし、EBITを分子とするROICを元に業績評価を行う場合には、過去の事業責任者に起因する損失が現在の事業責任者の評価に影響を与えてしまうため、現在の事業責任者が不満を感じ、モチベーションが低下する懸念がある。また、本来は特別損失の発生を伴う事業構造改革が必要な場合であっても、事業責任者が当期の業績悪化要因になることを嫌ってこれに着手せず、改革を先送りすることも懸念される。

また、反対に事業の成果と関係ない特別利益まで反映されてしまうという問題

点もある。したがって、本来的には特別損益を分類し、事業の評価に反映すべきもののみを織り込むべきであろうが、明確かつ網羅的な判断基準の設定は困難であるため、実務上は手間と効果を勘案した上で自社に適した方法を検討することが求められる。

②事業別ROICの分子を営業利益とする方法

各事業部門を現在の収益性に基づいて公平に評価するためには、過去の投資の失敗による影響は排除すべきであるため、ROICの分子は営業利益とする方法もある。

しかしながら、この方法では、特別損失がいくら生じても事業部門の評価に全く反映されず、投資の失敗や特別損失の発生に関する責任の所在が曖昧になるという大きな問題がある。この結果、事業部門は投資の失敗を恐れなくなり、よりハイリスクハイリターンの投資を実行する恐れがある。

このほか、事業部門が短期的な成果を重視する事業運営にシフトするリスクも想定される。現状は収益性が低くても成長可能性のある事業や製品がある場合、それらの収益性の改善を目指して投資や改善施策を検討するよりも、足元の低収益事業・製品を切り捨てることによって改善を図る方が、短期的なROICの改善に寄与するためである。通常は、事業・製品の撤退による損失発生と、継続することによる回復可能性が比較検討されるが、前者の損失が業績評価に影響を与えないのであれば、リスクのある後者は避けられることが多くなるだろう。また、過剰な損失処理を行うことで短期的な利益改善を図る、いわゆる逆粉飾が行われる可能性も排除できない。

事業別ROICの分子としていずれの利益を採用するかは、企業の状況や経営方針を踏まえて決定すべきである。フロー経営の欠点を補うという特徴を重視するのであれば、分子にはEBITを採用すべきである。これにより、投資に関する責任の所在を明確化することができるとともに、事業部門の投資判断の適正化も図ることができる。ただし、その際には過去の事業責任者による投資失敗の責任が現役世代に転嫁される点が課題となるため、人事考課や賞与査定において別途措置を設けるなどの対応が必要になる。

(2) 事業別ROICにおける分母

次に事業別ROICにおける分母であるが、あるべき論で言えば、事業部門ごとに有利子負債と株主資本を区分したバランスシートを作成し、両者の合計額を投下資本とするのが望ましい。

しかしながら、実務上は、カンパニー制を採用している企業であっても、カンパニーごとに有利子負債と株主資本まで区分したバランスシートが作成されているケースは少なく、SBUにいたってはバランスシート自体が作成されていないケースもある。したがって、大半の企業はこの方法を選択することができないため、資金運用サイドに着目して運転資本や固定資産などの合計額を投下資本としている。

このとき、投下資本に含める項目を、当該事業に係る売上債権、棚卸資産および仕入債務を集計した運転資本に固定資産を加えた金額とする企業が多いようである。ただし、事業部門ごとに投下資本が明確に区分されているケースばかりではなく、複数の事業部門が共同で使用している固定資産や、社内システム上、事業部門単位の金額が把握できない科目（たとえば仕入債務が全社一括管理となっているケースなど）もあることから、合理的と考えられる基準で各事業部門の負担額を按分計算しているケースも多くみられる。

投下資本の集計範囲を、運転資本や固定資産以外の項目に拡大すべきという考え方もあるが、これらの項目は各事業部門の金額が把握できないケースが多く、按分計算する項目・金額が多くなりすぎることにより、各事業部門に係る投下資本残高の信頼性が低下してしまいかねない。また、こうした按分項目は事業部門の努力だけでは改善が困難なため、その範囲の拡大は、事業部門のROIC改善に対する意識を低下させる原因となりかねない。なお、こうした各事業部門の投下資本に含まれない項目は、全社ROICと事業別ROICの差異の原因となるため、別途管理方法を検討する必要がある。

なお、ROICを導入していない理由として、事業別のバランスシートが作成できないという説明を受けることが多い。しかしながら、実際に事業別ROICを活用している企業も、一部の科目については各事業部門の負担額を按分計算している場合があるのが実情である。システムで区分管理することにより、事業別のバランスシートや投下資本を正確に把握できることが望ましいが、投下資本に係る按分計算が事業部門も納得できる合理的な基準に基づいている限り、システム対応などに多くの時間とコストを割いてまで投下資本の精緻化を図る必要はないと思われる。

ただし、ROIC経営をより高度化していく過程で、バランスシートマネジメントの重要性はより高まることから、システム更新のタイミングで事業別のバランスシートが作成できる体制を構築しておくことが望ましい。

(3) 事業別 WACC の考え方

　事業部門の収益性を ROIC で評価する場合には、採算性の最低ラインとして WACC も各事業部門別に設定する必要がある。この WACC の考え方については、①全社一律の WACC を採用する方法と、②事業別の WACC を設定する方法が考えられる。

①全社一律の WACC

　この方法の下では、株主資本コスト、負債コスト、財務レバレッジ、実効税率に基づいて全社ベースの WACC を計算し、これを全事業部門共通の WACC として適用する。

　この方法の長所としては、全事業部門が同じ条件となるため、事業部門間の WACC の相違に関してコーポレート部門が説明や調整をする必要がない点である。各事業部門のトップマネジメントが資本コストの内容を理解している企業は必ずしも多くないため、事業部門ごとに異なる WACC を設定する場合には、WACC の高い事業部門は不満を抱くかもしれない。本来は、コーポレート部門が資本コストの内容を事業部門に説明し、差異が生じる理由について理解を得るべきではあるが、実務上、この点に関するハードルは非常に高い。

　一方で、この方法では事業特性が WACC に反映されないため、ROIC や投資判断のハードルレートが適切な水準にならないという課題がある。

②事業別の WACC

　全社一律ではなく、各事業部門に異なる WACC を設定する方法もある。この場合には、事業別のバランスシートが作成されているか否かで対応が異なる。

　まず、事業部門ごとに有利子負債や株主資本を区分したバランスシートが作成されている場合には、これをベースとした財務レバレッジや負債コストを用いることで事業別の WACC を計算することができる。この場合の株主資本コストとしては、全社ベースの数値を採用する方法や、類似業種のデータを元に算出した数値を採用する方法があるが、こうした方法は各事業部門を独立した上場企業とみなして WACC を設定していることを意味している。

　また、事業部門ごとに有利子負債や株主資本を区分したバランスシートが作成されていない場合には、すべての構成要素について類似業種のデータを元に各事業部門の WACC を計算する方法がある。これにより、各事業の特性が反映された平均的な水準の WACC を設定することができる。

　なお、これらの方法で計算された事業部門合計の WACC と全社 WACC との差分については、コーポレート部門の判断で特定事業の WACC に加減算すること

により調整し、両者を整合させているケースもある。

事業別WACCの課題としては、事業部門ごとにWACCの水準が異なる理由（理論的背景）に関する理解が得られにくい点が挙げられる。また、類似業種のデータに基づいてWACCを計算する場合には、対象企業の選定如何で数値が左右されるケースも多いことから、選定基準や対象企業を操作して恣意的に数値を変動させることができる点も課題として挙げられる。

さらに、各事業部門の類似企業選定に関しては、そもそも同一条件で比較可能な企業が少ないケースも多く、この場合には自社の事業との類似性が弱くなるため、各事業固有のリスクが適切に反映されない点にも留意が必要である。

実務的には、全社一律WACCを採用している企業が多い。事業別WACCを採用する場合には、事業部門ごとにWACCの水準が異なる理由について、事業部門側の理解を得ることが困難である点を理由として挙げる企業が多い。

3. ROICの活用方法

企業価値向上のためにはROICを高める必要があるが、実務では、どのような方法でROICを活用し、その改善に取り組んでいるのであろうか。ここでは、一般的なROICの活用例として、①事業ポートフォリオマネジメントと②ROICツリー展開について紹介したい。

(1) 事業ポートフォリオマネジメントにおける活用

一般的には、**図表3-2**のように、成長性と収益性の2つの側面から各事業を四象限に区分し、事業ポートフォリオを管理している企業が多い。この図の縦軸である収益性については、これまで多くの企業が営業利益やEBITDAなどのフロー指標で評価し、採算性の合否ラインは黒字・赤字であった。しかしながら、ここまで述べてきたとおり、フロー指標のみでは事業投資の効率を評価することは出来ず、また、収益性の評価に際して資本コストが考慮されていない点も問題であった。ROIC経営においては、この縦軸の収益性はROICで評価され、合否のラインはWACCとなる。

ROICがWACCを下回る事業は、資金調達コストを事業収益で賄えていないことを意味するため、収益性を改善する必要がある。このうち、今後の成長や改善が期待できない事業については、事業撤退も含めた検討対象となる。収益性の評価軸を営業利益などのフロー指標からROICに変えることにより、各事業に求め

られる採算ラインは「収支黒字」から「ROIC ＞ WACC」に変わることとなる。したがって、これまで若干の黒字を確保することで、「収益性は高くないが、業績は安定しており問題はない」とされてきた事業があったとしても、今後はWACCを上回るROICが確保出来ていなければ「不採算事業」という評価を受けることとなる。

また、これとは逆のケースも考えられる。たとえば、収益性評価に関して営業利益率を重視してきた企業の場合、営業利益率の低さゆえに採算が悪いと評価されていた事業がROICで評価することで高収益事業と評価されるケースもあり得る。ROICでは、売上高利益率の高さは問題とならず、あくまでも事業投資に対するリターンの割合で収益性が評価されるため、多額の投資を必要としない事業については、収益性の評価が大きく変わることもある。

フロー経営からROIC経営にシフトすることにより、投資に対して十分なリターンを創出していない事業、別の観点でみれば、資本提供者から調達した資金が有効活用されていない事業を特定することができる。そして、この評価結果を踏まえて、不採算事業の改善・撤退や、経営資源の適切な配分を進め、事業ポートフォリオマネジメントをさらに強化することが可能となる。

(2) ROICツリー展開

経営層やコーポレート部門は、ROEや全社ROICを高めるために、事業ポートフォリオマネジメントにROICを活用し、より収益性の高い事業ポートフォリオを目指すことが必要となる。一方で、事業部門はROICをどのように活用すべきであろうか。

図表3-2　ROICを活用した事業ポートフォリオマネジメント

出典：筆者が作成

各事業部門がROICを高めるためには、まず、ROICツリー展開によりROICを複数のドライバーに分解した上で、それらの水準や趨勢を分析することにより、ROIC改善のための課題を明確化する必要がある。一般的には、**図表3-3**のように、ROICをEBITマージンと投下資本回転率に分解し、各々についてさらに細分化していくことでROICが展開される。ここで、課題や改善余地があるドライバー、ROIC改善へのインパクトが大きいドライバーに焦点を当てて改善施策を立案・実行することにより、ROICを効果的に改善できる。このROICツリー展開は、全社ベースのROICでも有効ではあるが、各事業部門がこれを利用することでより詳細な課題分析ができることから、ROICの改善効果は大きくなる。

　なお、ROICツリー展開によるドライバーを改善するに際しては、各ドライバー間のトレードオフに留意が必要である。たとえば、コストダウンを目的として生産部門が生産量を増加させる場合には、単位当たりの固定費負担を低下させることができる一方で、売上高が増加しなければ棚卸資産回転率の悪化を招き、過剰在庫による損失へとつながりかねない。また、反対に棚卸資産回転率のみを改善しようとすれば、在庫不足により販売面で機会損失が生じるかもしれない。このように、各部署が部分最適の発想でドライバーの改善を図ったとしても、必ずしもROICが改善するとは限らない。他のドライバーに与える影響も勘案した上で、改善方法を検討することが重要である。

図3-3　ROICツリー展開

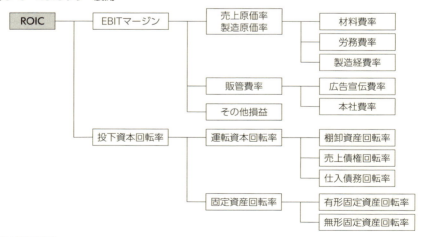

出典：筆者が作成

4. 事業特性がROICに与える影響

(1) ROE・ROICの推移

図表3-4は東証1部上場企業に係るROE、ROIC、財務レバレッジの中央値の推移を示したものである。

ROEは、2013年度まで大きく上昇したあと、ほぼ横ばいの状態にあるが、このROEの推移はROICの推移と連動しており、このことからもROICがROEに与える影響が大きいことが分かる。また、財務レバレッジについては、継続的に低下傾向にある。

日本企業のROEの改善は頭打ちとなりつつあるが、この主な要因としては、事業で稼得した資金を積極的に事業投資に振り向けていないためにROICの改善が進んでいない点のほか、毎期の利益によって株主資本が増加している点が考えられる。

(2) 業種別ROE・ROICの状況

次に、業種別のROEやROICの状況を確認する。図表3-5の上のグラフは、業種別のROEとROICの過去5期平均を、ROICの高い業種から順に示している。また、下のグラフは、同様の基準で財務レバレッジの状況を示している。

図表3-4 ROE、ROIC、財務レバレッジの推移

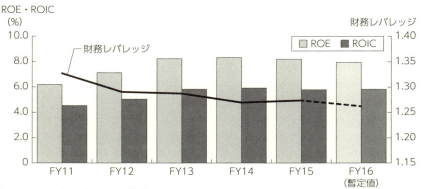

出典：SPEEDAのデータを元に筆者が作成
東証1部上場企業の中央値を採用。FY16は決算公表済の企業のみ対象（カバー率89%）
ROICと財務レバレッジの計算式は以下のとおり。
ROIC ＝ 支払利息控除前税引後利益 /（有利子負債 ＋ 自己資本）
財務レバレッジ ＝（有利子負債 ＋ 自己資本）/ 自己資本

図表 3-5　業種別 ROE、ROIC、財務レバレッジの状況

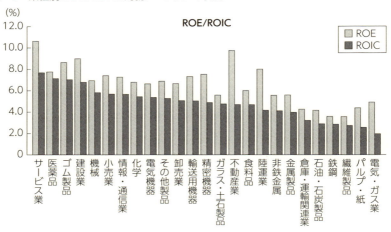

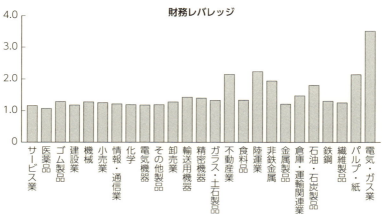

出典：SPEEDA のデータを元に筆者が作成
東証1部上場企業の過去5期平均値について業種別の中央値を採用。なお、企業数が10社未満の業種は対象外としている。
ROIC と財務レバレッジの計算式は以下のとおり。
ROIC ＝ 支払利息控除前税引後利益 ／（有利子負債 ＋ 自己資本）
財務レバレッジ ＝（有利子負債 ＋ 自己資本）／ 自己資本

第3章　ROICの導入に関する論点

　これらのグラフが示すとおり、特定の業種を除いて、財務レバレッジに大きな差異はなく、ROICの水準がROEに大きな影響を与えていることが分かる。なお、ROICは単なる数値の高低ではなく、ROICとWACCとの差であるROIC Spreadで評価すべきものであるから、たとえROICが低い業種であっても、有利子負債による資金調達を積極的に行うことで財務レバレッジが高くなっている場合にはWACCも低水準となっている可能性がある。たとえば、電気・ガス業のROICは相対的に低水準にあるが、財務レバレッジの高さによってWACCは低くなっていると考えられる。また、財務レバレッジを高めることでROEも高まるため、ROICが同水準の業種であってもROEの水準が大きく異なるケースもみられる。

　また、**図表3-6**は業種別のROICを利益率と投下資本回転率に分解したものである。先ほどと同様にROICの高い業種から順に示しているが、これを見ると利益率と投下資本回転率のいずれがROICに寄与しているかは業種によって異なることが分かる。医薬品や不動産業は、利益率が高い一方で投下資本回転率は低く、建設業や卸売業は利益率が低い一方で投下資本回転率は高い。このように、業種によってROICの構成要素に特徴があるため、ROICツリー分解によって各ドライバーの状況を分析し、これに業種の特徴を踏まえて改善策を検討する必要がある。

(3) 資本集約型産業の資本生産性

　一般的に、資本集約型産業では多額の投資が必要となるため、ROICが低水準となるイメージを持たれている読者も多いと思う。先ほどの分析でも、鉄鋼やパルプ・紙といった資本集約型産業のROICは低水準となっている。では、資本集約型産業の資本生産性は、日本だけでなく海外でも低水準なのだろうか。

　図表3-7は国内外の鉄鋼大手に係るROICの水準を比較したものである。国内大手企業のROICは低水準であるが、海外大手企業にはバラつきがあり、日本より高水準にある企業もあれば、大幅なマイナスとなっている企業もある。鉄鋼業界は世界的な供給過剰の影響によって各社の利益水準が低下しているため、ROICも低水準となっている。鉄鋼業界のように、個別企業の経営状況よりも外部環境が業績に大きな影響を与えている場合には、ROICの水準だけで個別企業の経営の巧拙を評価するのは難しいが、過去5期の状況を見る限りにおいて、国内外問わず資本生産性は低水準にあると言える。

　次に、紙・パルプ業界についても同様の比較を行った。**図表3-8**は、紙・パル

図表 3-6　業種別利益率、投下資本回転率の状況

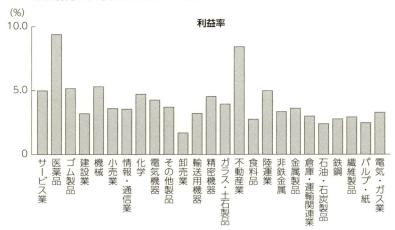

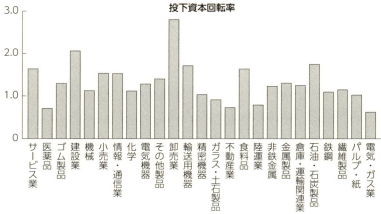

出典：SPEEDAのデータを元に筆者が作成
東証1部上場企業の過去5期平均値について業種別の中央値を採用。なお、企業数が10社未満の業種は対象外としている。
利益率と投下資本回転率の計算式は以下のとおり。
利益率 ＝ 支払利息控除前税引後利益 / 売上高
投下資本回転率 ＝ 売上高 /（有利子負債 ＋ 自己資本）

図表 3-7　鉄鋼業界の ROIC の状況

出典：SPEEDA のデータを元に筆者が作成
業界大手企業について、過去5期のROIC平均値を比較
ROICの計算式は以下のとおり。
ROIC ＝ 支払利息控除前税引後利益 /（有利子負債 ＋ 自己資本）

図表 3-8　紙・パルプ業界の ROIC の状況

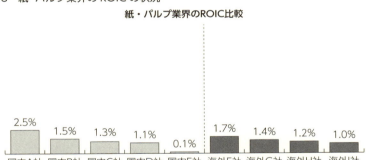

出典：SPEEDA のデータを元に筆者が作成
業界大手企業について、過去5期のROIC平均値を比較
ROICの計算式は以下のとおり。
ROIC ＝ 支払利息控除前税引後利益 /（有利子負債 ＋ 自己資本）

プ業界の国内大手5社と海外大手4社のROICの水準を比較したものである。いずれもROICは低水準であり、WACCを下回る企業が多いと思われる。過去5期の状況を見る限りにおいて、鉄鋼業界と同様に業界全体の資本生産性が低水準にあると言える。

　最後に、総合化学業界についても比較を行った。**図表3-9**は総合化学業界の国内大手4社と海外大手4社のROICの水準を比較したものである。グラフからも明らかなように、国内企業に比べて海外企業の方がROICは高い。海外の総合化

図表 3-9　総合化学業界の ROIC の状況

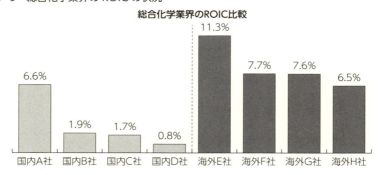

出典：SPEEDAのデータを元に筆者が作成
業界大手企業について、過去5期のROIC平均値を比較
ROICの計算式は以下のとおり。
ROIC ＝ 支払利息控除前税引後利益 /（有利子負債 ＋ 自己資本）

学業界では大規模な再編が行われている一方、国内では再編・集約が十分に進んでおらず、事業規模や収益力の面で海外と大きな差が生じている。

このように、資本集約型産業であることが必ずしも低い資本生産性に繋がるとは言えないが、市場や競争環境の変化に対して適時かつ柔軟に多額の資産を変動させるのが難しいのは事実であろう。このような多額の資産を有する企業が資本生産性を改善するためには、再編などの抜本的な対策をとるか、相応の時間をかけて徐々に改善していく必要があると考えられる。一方で、低 ROE 企業に対する株式市場の風当たりは強まっているため、資本生産性に課題を抱えている企業は、改善の道筋を明らかにした上で早期にアクションを開始することが求められるであろう。

(4) ROIC が重要とならない業種

ROIC が WACC を上回る必要があるのは、すべての上場企業が意識すべき問題である。しかしながら、事業内容によっては、ROIC をそれほど意識する必要がないケースもある。

先に示した業種別 ROIC の状況からも分かるとおり、多額の資産を必要としないサービス業の ROIC は相対的に高い水準にある。したがって、このような多額の資産を持たないビジネスを展開する企業にとっては ROIC に関する課題はないため、これが重要な指標とならないことが多い。

ROICはすべての企業にとって重要な指標ではあるが、最も重要とは限らない。資本生産性に課題がない企業が重視すべきKPIはROICではなく、自社の課題解決のために必要なKPIである。

たとえば、**図表3-10**のように、資本生産性が低水準、また資本コストへの意識も低く、資本市場を十分意識した経営ができていない、といった経営課題を抱えている企業が、ROIC経営によって稼ぐ力を高め、資本市場を意識した経営も浸透させることができたとする。

この企業は、ROICを活用することで収益基盤の強化が果たせたことから、次のステップとして事業の成長力を高めたいと考えている。ROICは投資効率を評価する指標であり、事業の成長性を評価する指標ではない。このような状況においては、ROICではなくEBITDA成長率などの成長性指標を重視することが必要であろう。

KPIは企業の経営管理にとって必要なものであるが、最も重要な指標は、各企業が抱えている課題に応じて決定すべきものである。KPIを設定する際には、自社の課題に適合した指標を選択するという考え方を持つことが重要である。また、企業の課題は、経営環境や自社の状況で変化するものであり、課題に応じて企業が最重視するKPIも変更する必要がある。具体的には、中期経営計画を策定するタイミングなどで、経営課題を踏まえてKPIを見直す必要があるであろう。

図表3-10　経営課題に応じたKPIの設定

(例)	現状	改善後
経営課題	・低い資本生産性 ・資本市場を意識した経営	・事業の成長性が乏しい
対応策	・ROICにより、稼ぐ力とROEを同時に改善	・事業部に成長を促すため、EBITDA成長率等を重視

経営課題が変化 →

完璧なKPIは存在せず、経営課題に応じて変更することが必要

【KPIの考え方】
× 優れたKPIを設定する → ○ 課題に合ったKPIを設定する

出典：筆者が作成

(5) 新規事業や成長事業に関する ROIC の取り扱い

　企業全体の経営課題の変化に応じて、最重視すべき KPI も変化させる必要がある点については先に述べたとおりであるが、それぞれの事業が置かれた状況によっても重視すべき KPI を変化させる必要がある。

　たとえば、新規事業や市場が拡大している事業など、投資が先行している段階にある事業については、ROIC が適切な評価指標とならないことがある。事業の成長性と効率性は、車でいえばアクセルとブレーキの関係にあり、成長性を重視すべき事業に対して資本生産性の改善を求めると投資が抑制されてしまい、事業の成長を妨げてしまう可能性がある。成長を目指す事業に係る課題は事業規模の拡大であるため、成長性を評価する KPI を重視する必要がある。具体的には、売上高、利益、EBITDA などの成長率を重視するのが望ましいであろう。

　ただし、ROE や全社 ROIC については株主の期待に応える必要があるため、これらの事業も全社 ROIC の計算には含め、全社ベースでは WACC を超える ROIC を確保することが必要である。

5. 日本と海外における ROIC の活用状況

(1) 日本における ROIC の認知度

　ここまで述べたとおり、ROIC は非常に重要な指標ではあるものの、現状日本企業の ROIC に対する関心は高いとは言えない。第2章第2節でも示したとおり、中期経営計画で目標とする ROIC を公表している企業は僅か 4.1％にすぎない。

　非常に重要な指標であるにもかかわらず活用されていない理由として多く聞かれるのが、「経営層の理解が追い付かない」というものである。上場企業の中期経営計画や決算説明資料で ROE の文字を目にすることは多くなったが、企業の方々との意見交換における発言を踏まえると、経営層が ROE や資本コストの意味、その必要性を十分理解していない、あるいは理解する必要もないと考えている上場企業は多いと考える。

　また、もう一つ多く聞かれる理由は、バランスシートを事業別に把握することができない、というものである。これについてはすでに述べたとおり、実際にROIC を活用している企業であっても一部の勘定科目は按分計算しているケースもあり、ROIC にどこまでの精度を求めるかという面もある。事業別 ROIC は、社内の経営管理指標であるため、簡易的な計算によるものであったとしても、誤った経営判断をしないレベルの精度が担保されていれば十分である。

第3章 ROICの導入に関する論点

現状ではROICを重視している企業は少ないが、ROEや株主資本コストを意識した経営が定着すれば、今後ROE向上のために必要なROICを重視する企業も増加していくであろう。

(2) 海外におけるROICの利用状況

米国を中心とした海外企業では資本コストを意識した経営が定着しており、ROICを重視している企業も多い。

図表3-11は、アニュアルレポートでROICの情報を記載している大手企業を示している。これらの企業は、資本生産性を意識した経営を行っており、それを対外的にも説明している。海外でROICを活用している企業を網羅的に把握するのは困難であるが、図表3-11に示した企業の事業内容を見ると、多額の事業投資を必要とする業種を中心にROICが活用されているようである。

なお、アメリカの通信業大手であるAT&Tは、アニュアルレポートにROICの数値を記載していないものの、経営陣の報酬を目標ROICの達成度合いに連動させる旨を記載している。ROICは対外的に公表が求められる指標ではないため、同社のように社内の経営管理には活用しているものの、アニュアルレポートには特に記載していない企業も多いと思われる。

また、日本企業と海外企業におけるROICの水準については、第2章第1節で示した日米企業のROAの水準からも明らかなとおり、海外企業の方が高い水準にあると考えられる。

なお、図表3-11のシーメンスやエクソン・モービルのように、ROICではな

図表3-11　ROICを活用している主な海外の企業

業種	会社名	国	KPI
自動車	GM	米国	ROIC
	フォード	米国	ROIC
	タタ・モーターズ	インド	ROIC
化学	3M	米国	ROIC
製造業	シーメンス	ドイツ	ROCE
石油メジャー	エクソン・モービル	米国	ROCE
	シェル	オランダ	ROACE

出典：各社発行アニュアルレポートを元に筆者が作成

くROCE（Return on Capital Employed、使用総資本利益率）を採用している企業も多い。なお、シェルのROACEはReturn on Average Capital Employed（平均使用総資本利益率）と定義されている。

ROCEの計算式は次のとおりである。

$$\text{ROCE} = \text{EBIT} / (\text{有利子負債} + \text{自己資本})$$

すなわち、ROCEはNOPATではなくEBITを使ったROICである。日本でもROCEを採用している企業は複数あるが、まだ馴染みのない指標であるため、ROCEではなく「税前ROIC」として活用している企業もある。

6. ROICと企業価値
(1) ROICとEVAの関係

ここでは、資本生産性指標の1つであるEVAとROICの関係について整理してみたい。EVAは事業活動で得た利益から資本コストを控除した残余利益であり、計算式は次のとおりである。

$$\text{EVA} = \text{NOPAT} - \text{投下資本} \times \text{WACC}$$
$$= (\text{ROIC} - \text{WACC}) \times \text{投下資本}$$

フロー経営における業績評価では、利益がプラスか否かが重要であるが、真の収益性は、資本コストを加味した損益で評価すべきである。この点、EVAがプラスの企業は、資本コストを上回る利益を稼得していることから、真の黒字決算であると言えよう。一方で、利益がプラスであってもEVAがマイナスの企業は、資本コストを賄うリターンを創出しておらず、企業価値を破壊していることを意味している。このように、EVAはフロー指標でありながら資本コストが考慮されているため、資本市場を意識した経営にとっては有用なKPIである。

また、EVAには、資本コストを超過する利益の規模を把握することができるという特徴もある。

では、なぜEVAでなくROICを経営管理に活用すべきなのであろうか。過去多くの企業がEVAを導入したが、そのほとんどの企業が現在は使用していない。この理由に関しては様々な見解があるが、多くの企業から聞かれるのは、内容が

難解で事業部門への展開が難しい、という点である。

全従業員がファイナンス理論を十分理解した企業であれば、EVAは有効なKPIとなりうる。しかしながら、資本市場を意識した経営の必要性が徐々に浸透しはじめたばかりの日本で、EVAを使いこなすことができる企業はそう多くはないであろう。

企業の規模が大きくなればなるほど、KPIは全員が理解できるシンプルな指標とすべきである。EVAは優れた指標ではあるが、その複雑さが足枷となり、幅広く企業に浸透するまでには至らなかった。ROICは、投資に対するリターンというシンプルな考え方に基づく指標であり、EVAのような複雑さがないため、社内への浸透は図りやすい。また、縮小均衡に陥るリスクはあるものの、フロー指標と併用するなど適切な仕組みを構築することでこの課題を克服することができる。

EVAの特徴は、投資効率と資本コストの比較可能性と、利益規模の把握という2点にあるが、この特徴を1つの指標ではなく2つの指標で実現するには、前者はROICで、後者は営業利益やEBITDAなどで代替することができる。したがって、これらの併用によりEVAと同じ効果を得ることができる。

(2) 企業価値評価に係るFCFとROICの関係

次に、企業価値評価におけるFCFとROICの関係について整理してみたい。

DCF法による企業価値評価では、将来のFCFをWACCで割り引いた現在価値の総和が企業価値とされる。このため、企業価値向上のためには、将来のFCFを高めることが必要となる。

しかしながら、FCFは企業価値評価のための概念であり、経営管理の実務には馴染まない。FCFは、期間損益、運転資本の増減、設備投資など、多くの項目によって構成されており、また、多額の投資が発生した場合には数値が大きく変動することもある。このため、FCFは計画と実績の間に差異が生じることが多く、その差異も多額となることが多いため、予算や中期計画などで適切に管理するのは困難である。また、FCFはあくまでも一定期間のフローを表すものであって投資効率を表すものではない。したがって、実務上は、FCFを経営管理に使用している企業は少ない。

一方で、ROICは経営管理には有効な指標であるが、企業価値とはどのような関係にあるのだろうか。図表3-12の設例を使って、株主価値評価に用いられる残余利益モデルと同じ考え方により、ROICとWACCの差であるROIC Spreadが企業価値向上に繋がっていることを説明したい。

図表 3-12　DCF法と残余利益モデルによる企業価値評価（設例）

			x0	x1	前提条件
PL	営業利益			110	金利1%
	支払利息			−10	
	法人税等			−30	税率30%
	純利益			70	
BS	投下資本	2,000		2,000	
	有利子負債	1,000		1,000	
	株主資本	1,000		1,000	
CF	営業利益			110	
	減価償却費			30	
	法人税等			−30	
	営業CF			110	
	投資CF			−30	減価償却費と同額
	FCF			80	
	支払利息			−10	
	配当金			−70	配当性向100%
	CF合計			0	
企業価値 （DCF法）	FCF			80	
	企業価値	2,078			
企業価値 （残余利益 モデル）	NOPAT			80	
	資本コスト			−77	
	EVA			3	
	現在価値	78			
	投下資本	2,000			
	企業価値	2,078			
ROIC	ROIC			4.0%	
	WACC			3.9%	
	スプレッド			0.1%	

　その他の前提条件：株主資本コスト7%（配当のみ）、x1期の状態が永久に継続すると想定

出典：筆者が作成

第3章　ROICの導入に関する論点

　この設例で示した企業について、DCF法と残余利益モデルにより企業価値を算出する。ここでは、議論を単純化するために、この企業はx1期の状態が将来も永久に継続する定常状態にあると仮定する。したがって、損益は一定、設備投資は減価償却費と同額、利益全額を配当し、PL、BS、CFは一定で成長率はゼロとなる。
　この場合、DCF法による企業価値は、FCFを一定と仮定すればこれをWACCで除することにより算出されるため、次のようになる。

　　　企業価値 ＝ 80 / 0.039 ＝ 2,078

　一方で、残余利益モデルにおける企業価値は、投下資本簿価に将来の残余利益であるEVAの現在価値の総和を加味することで算出されるため、企業価値は次のように算出される。

　　　企業価値 ＝ 2,000＋3 / 0.039 ＝ 2,078

　このように、定常状態においては、DCF法により算出される企業価値と、残余利益モデルにより算出される企業価値は一致する。この関係を図解したのが**図表3-13**である。
　DCF法では、将来のFCFである80を現在価値に割り引いたものが企業価値となる。一方で、残余利益モデルは将来のEVAを現在価値に割り引いたものが企業価値の一部となる。
　この設例は定常状態を想定しており、減価償却費と投資が同額であるため、NOPATはFCFと同額となる。また、各期の資本コストは投下資本にWACCを乗じたものであり、これをWACCで現在価値に割り引けば当初の投下資本の簿価と一致する。残余利益モデルにおいては、EVAと資本コストをWACCで割り引いているのと同じである。このEVAと資本コストの合計はNOPAT＝FCFとなっているため、両者の企業価値は当然一致する。
　したがって、将来のEVAを高めることは企業価値向上に繋がるが、(1)でも示したとおり、EVAはROICを使って次のようにも表すことができるため、ROICを改善し、WACCとの差であるROIC Spreadを高めることで企業価値は向上するといえる。

$$\text{EVA} = (\text{ROIC} - \text{WACC}) \times 投下資本 = \text{ROIC Spread} \times 投下資本$$

図表3-13　DCF法と残余利益モデルによる企業価値評価（図示）

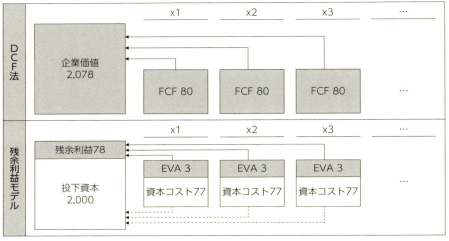

出典：筆者が作成

第**4**章

ROIC経営による企業価値向上

1. 2つのROIC改善アプローチ

　本章では、ROICの改善アプローチとその具体的な手法について解説する。
　ROICの改善アプローチは、経営上の非効率な部分について早期の改善を図る短期的アクションと、ROIC経営を社内に浸透させることで徐々に改善を図る中長期的アクションの2つに分けて考える必要がある。
　短期的アクションでは、現状で非効率となっている部分にメスを入れ、即効性のある施策を実行することでROICの早期改善を図る。具体的には、低収益事業の抜本的対応、製造拠点や設備の集約・効率化、関係会社の整理、低収益資産の処分などを進めることで無駄な贅肉をそぎ落とし、筋肉質な体質への転換を目指す。
　一方、中長期的アクションでは、社内にROIC経営を浸透させ、役員・従業員にフロー指標だけでなく投資効率も意識した行動を能動的に起こさせることで中長期的にROICの維持や更なる向上を図る。具体的には、事業ポートフォリオマネジメントや業績評価などに関する社内の仕組みを再構築するとともに、適切な目標設定や役員・従業員の教育を行うことにより、筋肉質な体質の維持・強化を目指す。
　短期的アクションは、人間で考えれば短期集中で行うダイエットであり、成功すれば短期間で大きな改善効果が得られる。一方で中長期的アクションは、ダイエットでスリムになった体型の維持が目的であり、定期的な体重チェックなどを習慣化して日々の生活の中に組み込んでいくことで目的の達成が図られる。
　業績や財務内容が悪化した企業は、短期間で改善を図るために経営陣が主導して短期的アクションに取り組むこととなるが、一定の改善効果が実現し、業績や財務内容が安定すると危機感が薄れ、徐々に非効率な部分が増えていくケースも多い。このように、抜本的なリストラクチャリングを何度も繰り返している企業では、投資やバランスシートが十分に管理されておらず、経営管理の仕組みに欠陥があることが多い。
　中長期的アクションは、短期的にみればそれほど大きな効果はなく、個々の取り組みも地味であるが、多くの手間と時間をかけて粘り強く進める必要がある。企業は、短期的アクションでリストラクチャリングの効果が得られると、中長期的アクションのような煩雑な仕組み作りではなく、成長戦略などの前向きなテーマにシフトしがちである。しかしながら、中長期的なROICの改善や企業価値の持続的成長のためには、中長期的アクションによりROIC経営を社内に浸透・定

図表4-1　ROICの改善アプローチ

	短期的アクション	中長期的アクション
目的	・非効率部分の改善	・ROIC経営の浸透・定着
具体的な対応	・低収益事業・製品の抜本的対応 ・製造拠点・設備の集約・効率化 ・関係会社の整理 ・低収益資産の処分　など	・目標設定 ・ROIC経営の仕組み構築 　▶事業ポートフォリオマネジメント 　▶業績管理 　▶業績評価　など ・役員・従業員の教育
改善イメージ	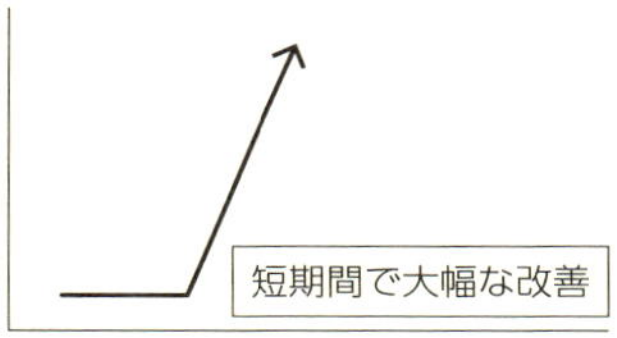 短期間で大幅な改善	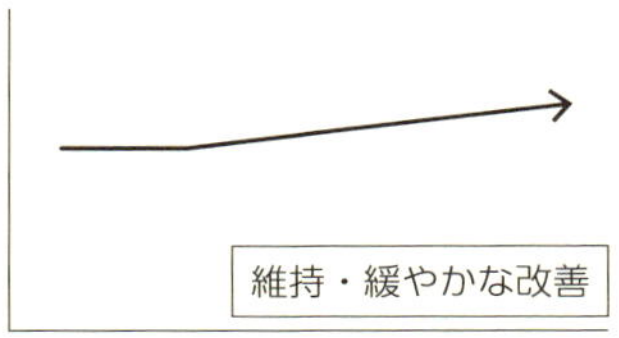 維持・緩やかな改善

着させ、役員・従業員の価値判断基準を変革することが必要であり、これこそがROIC経営の真の目的である。

2. ROIC経営における短期的アクション

(1) 短期的アクションに際して必要となる取り組み

　フロー経営からROIC経営へのシフトにより、これまで社内であまり問題視されなかった課題が明らかになることも少なくない。ROICで収益性を評価することにより、WACCを上回るリターンが得られていない事業や資産が社内で問題として認識されることになる。これらに対する改善策を実行することでバランスシートの無駄が解消され、財務体質の改善と収益基盤の強化を進めることができる。

　一般的には、次の3点について非効率となっているケースが多いため、短期的アクションとしては、これらについて集中的に改善策を講じる必要がある。

　①不採算・低収益事業の抜本的対応
　②事業部門における非効率部分の改善
　③低収益資産の処分

図表 4-2　ROIC 経営における短期的アクション

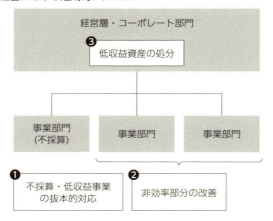

(2) 不採算・低収益事業の抜本的対応
①事業ポートフォリオ再構築の必要性

　多くの企業は、事業の成長性と収益性により各事業を評価した上で、経営資源の配分や課題事業の抜本的対策を進めることにより、事業ポートフォリオを維持・管理している。成長性と収益性のいずれも低い事業は、企業全体の ROIC を低下させているだけでなく、ROIC が WACC を下回っている場合には、企業価値を破壊していることを意味する。このような事業は、ROIC などの定量的な指標では評価できない価値（ブランドや顧客基盤など）が企業価値の維持・向上に貢献していることが明らかな場合を除いて、ROIC 改善のための施策を講じる必要がある。

　グローバル化の進展による海外企業との競争の激化、国内人口の減少による需要縮小など、近年の企業を取り巻く環境は厳しさを増している。また、情報技術の急速な進化により製品・ビジネスモデルの模倣スピードも速まっており、製品やサービスの価格維持は困難を極めている。このような激しく変化する経営環境の下では、事業や製品のスクラップアンドビルドを適時・適切に進めない限り競争を勝ち抜くのは難しい。しかしながら、こうした事業の入れ替えに対して日本企業は消極的と言われることが多い。

　日本では、大幅な赤字が継続しない限り、事業売却を進めない企業も少なくないが、企業が採用する経営戦略によっては、企業が目指すべき方向と異なる位置

付けにある事業については、収益性にかかわらず事業の入れ替えを進めることもある。当該事業部門にとっても、ノンコア事業という位置付けで十分な投資資金を与えられない環境よりも、当該事業を必要としている企業の中でコア事業として積極的に投資を行い、成長性や収益性を向上させることが、お互いの企業、事業部門、従業員、他のステークホルダーにとって望ましく、Win-Winの関係になるはずである。

また、企業全体の業績が低迷している場合には、不採算事業から撤退し、経営資源を成長事業に集中させる「選択と集中」により事業ポートフォリオの入れ替えが進められるが、昨今の変化の激しい環境下では、過度な事業集中はリスクを高める可能性もある。したがって、事業リスクを適度に分散させた状態を維持するためには、業績が安定している平時から常に各事業の動向を注視し、その入れ替えを意識しておく必要がある。

事業の入れ替えをどこまで大胆に行うかは、ROEやROICの目標水準と現状の乖離如何で対応が異なる。深刻な財務内容の悪化など、短期間でROICの大幅な改善が求められる状況においては、大胆な事業ポートフォリオの入れ替えが必要となるケースもあるであろうし、それほど大幅なROICの改善が必要ないケースであれば、個別事業の改善施策を中心に進め、中長期的な目線で事業の入れ替えを検討することとなるであろう。

②不採算・低収益事業への抜本的対応によるROIC改善プロセス

不採算・低収益事業への抜本的な対応は、コーポレート部門が全社的な視点で整理した情報に基づいて経営層が判断することで実行に移される。経営層とコーポレート部門は、各事業の成長性、ROICを考慮した収益性、事業リスクなどを

図表4-3　不採算・低収益事業への抜本的対応によるROIC改善プロセス

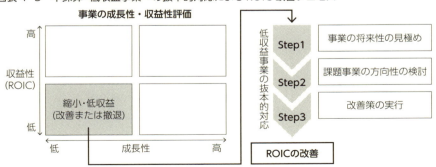

総合的に評価し、各事業のポジショニングを明確にした上で、抜本的な対策が必要な事業については、事業の方向性を見極めることとなる。課題事業への対応は、一般的に次のステップで検討が進められる。

Step1 ▶ 事業の将来性の見極め

　経営層とコーポレート部門が課題事業の方向性を検討する際には、まずは当該事業の現状を適切に把握することが重要である。そのためには、市場環境や事業構造（競合先や顧客の状況、当該事業に係るリスク、リソースの状況など）について客観的な情報を元に分析する必要がある。また、内部環境として、事業戦略の合理性や戦略実行に必要な経営資源（設備、人材、ノウハウなど）の状況についても確認し、これらの分析結果と、事業部門が策定した事業計画との整合性を検証することとなる。

　通常、経営層やコーポレート部門は事業部門に比べて事業に関する知見や情報が少なく、情報格差があるケースが多い。このため、コーポレート部門が外部のアドバイザーによる客観的な評価・分析結果を利用して、事業部門との情報格差の解消を図るケースも多い。なお、課題事業の方向性を検討した結果、事業撤退という結論に至る可能性もあるため、これらの調査を事業部門と共有することなく秘密裏に進めるケースも多く見られる。

　こうした調査結果を踏まえて、経営層とコーポレート部門は、対象事業単独で業績改善が可能か否かを判断する。評価の結果、自力での改善が可能と判断された場合には、事業部門で検討された改善施策が実行されることとなる（Step3）。一方で、自力での改善が困難と判断された場合には、事業再編を含む形で今後の方向性を検討することになる。

Step2 ▶ 課題事業の方向性の検討

　自力での改善が困難と判断された課題事業については、他社との事業統合などの再編も含めた方向性を検討する。具体的な進め方としては、想定される再編シナリオを複数設定し、各シナリオについて定量的な効果、リスク、実行可能性などを比較した上で、最も望ましいシナリオを選択するプロセスが採られることが多い。

　この段階の検討は、コーポレート部門のメンバーのみで行わないことが重要である。検討を進めるにあたり、コーポレート部門でタスクフォースを立ち上げるケースが多いが、事業に関する情報格差によりコーポレート部門だけでは事業の

詳細について判断がつかず、また外部のアドバイザーを利用したとしても、具体的な事業部門内部の詳細情報までを把握するのは困難である。このような場合には、事業部門メンバーを特命でアサインし、タスクフォースに巻き込むのが有効な手段である。当然ながら、この事業部門メンバーには守秘義務を遵守させる必要があり、守秘義務誓約書にサインさせている企業もある。これにより、事業の詳細な情報に基づいた具体的な検討を行うことができる。

また、各シナリオの下で、連結決算上想定されるインパクトを必ず確認しておくべきである。これは、損益やキャッシュフローといったフロー指標だけではなく、バランスシートやROIC、ROEといったKPIについてもどのような影響が生じるかを確認しながら検討を進めることが重要である。これらの検討に用いる数値は事業の方向性を判断する材料となるため、客観性や正確性を十分担保する必要がある。

なお、一般的に課題事業の再編に利用されている手法としては、他社とのJV組成による事業統合、分社化した課題事業に他社からの出資を受け入れる方法、事業の売却、清算による撤退などがある。これまで、課題事業からの撤退手法としては事業売却が一般的であったが、事業売却はグループからの「切り離し」色が強く出てしまうため、社内外のレピュテーションリスクに配慮した経営層が決断できず、結果的に玉虫色の決着となって問題が先送りされるケースも少なくなかった。

しかしながら、近年では他社との事業統合を利用し、時間をかけて事業撤退を進める企業が増加している。これは、他社との事業統合であれば、統合によるシナジー効果が期待されるだけではなく、社内外に事業の成長や収益性向上を目的とした再編という前向きなイメージを与えることができるためである。

ノンコア事業を他社の事業と統合することで当該事業に対する自社の持分割合を低下させ、その後、他の企業との更なる統合や持分の一部売却などにより連結から除外した上で持分を完全に売却する、といったプロセスに10年以上をかけて取り組み、段階的に撤退するケースもある（図表4-4参照）。

Step3 ▸ 改善策の実行

Step1で自力での改善が承認されたケースや、Step2で再編スキームが決定された場合には、早期に実行に着手することとなる。コーポレート部門は、これらの進捗状況をモニタリングしつつ、計画どおりの進捗が見られない場合には、代替手法を検討するなど、このプロセスにおいてもPDCAサイクルを確立して管理

図表4-4　事業統合を利用した事業撤退

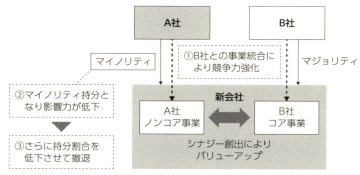

出典：筆者が作成

を行う。

(3) 事業部門における非効率部分の改善

　事業部門における短期的アクションとしては、各事業部門で非効率となっている部分を短期間で集中的に改善することが必要となる。このため、各事業部門では、自部門に係るROICの改善余地を分析・検討し、課題に対して改善施策を実行することが求められる。

　ROIC改善に向けた課題の抽出では、先にも述べたROICツリー展開によるドライバー分析が有効となる。この分析結果を踏まえて、次に示すステップで改善ドライバーを特定し、改善施策や具体的なアクションプランを検討・実行することで各事業部門のROICの改善が進められる。

Step1 ▶ ROICツリー展開による改善ドライバーの特定

　先に述べたROICツリー展開により、ROICを利益率と投下資本回転率、さらに細分化した複数のドライバーに分解し、自部門が改善すべきドライバーを特定する。ここでは、総花的に全ドライバーの改善を図ろうとせず、注力するドライバーを絞り込むことが重要である。すべてのドライバーの改善を図ろうとすると、リソースの分散や進捗管理負担の増加などの問題を招いて活動が徐々に停滞し、十分な成果があがらない可能性がある。

　また、前述の通り、ROICツリーを分解した各ドライバーはトレードオフの関係にあるケースもある。このような関係にあるドライバー双方を改善しようとす

第4章 ROIC経営による企業価値向上

ると、全体のマネジメントが非常に煩雑となるため留意が必要である。

なお、改善対象とするドライバーは、その推移や競合他社との比較を踏まえて特定すべきであるが、競合他社情報の入手は困難であるため、実務上は近年悪化傾向にあるドライバーや社内の他事業との比較で劣っているドライバー、またROICに与える影響が大きいドライバーなどを中心に特定することとなる。

Step2 ▶ 改善施策の検討

次のステップとしては、改善対象として特定されたドライバーについて、具体的な改善施策を検討し、誰がいつまでに何をどのように行うかを明確にするためのアクションプランを作成する。

改善施策の例 クロスファンクショナルチームの活用

たとえば、粗利率の改善を図る場合には、営業、技術、購買、開発などの各部署からメンバーを集めて横串のクロスファンクショナルチームを立ち上げ、このチームが事業部門の粗利率改善策について、一定期間集中的に検討する方法がある。事業部門内における部署間の連携が不十分な場合には、各部署で部分最適化が進んでしまい、企業や事業部門全体からみた効率性が達成されないことがある。したがって、各部署の利害を超えたチームが全体最適の視点で改善策を検討することにより、新たな視点での問題点や改善策の発見に繋がることが期待される。

なお、このようなタスクフォースを設置する場合には、各メンバーの既存業務の負担軽減について事前にしっかり整理しておかなければならない。短期間で改

図表4-5　クロスファンクショナルチームの活用

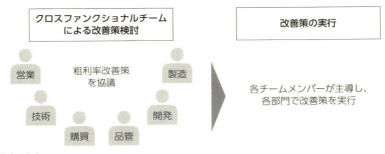

（例）粗利率改善→ クロスファンクショナルチームの活用

出典：筆者が作成

善策を取りまとめるには、集中して分析や議論を進める必要があるが、所属部署と兼務のままでは各メンバーが既存業務への関与を断ち切れず、全体の活動が停滞してしまう恐れがある。

通常、タスクフォースにはエース級の人材が参画するであろうから、各部署には大きな負担が生じる。しかしながら、このような部門横断的な活動を行わない限り部分最適に起因する構造的な問題は発見・改善されず、経営上の非効率はいつまでも解消されない。

したがって、事業部門トップは部署間の足並みが乱れることのないよう、リーダーシップを発揮し、必要な体制を構築する必要がある。なお、このような短期的な活動は、事業に季節性がある場合には閑散期に集中的に行うことが望ましいため、実行時期についても慎重に判断すべきである。

改善施策の例　生産拠点や設備の集約・効率化

多くの企業で、「固定資産回転率の改善は困難」という声が聞かれる。運転資本の回転率は、決済条件の変更による営業債権債務の増減やSCM（サプライ・チェーン・マネジメント）の再構築による在庫圧縮などを通じて改善をできたとしても、固定資産は既に投資し、事業の用に供しているから削減できないというのが主な意見である。

この点に関しては、ROICをどの程度改善させる必要があるかによって、改善に向けたアクションは大きく異なる。ROICの大幅な改善が必要でない場合には、遊休資産や余剰設備など、明らかにROICの低下要因となっている資産の処分を進めることが中心となる。

図表4-6　生産拠点や設備の集約・効率化

（例）固定資産回転率改善 → 生産拠点・設備の集約・効率化

生産効率改善の余地あり、またはマーケット縮小予測
X工場　Y工場

複数シナリオによる経済効果分析

複数のシナリオについて、以下の内容を比較分析
・ROICインパクト
・必要資金
・リスク・課題・実行可能性
・スケジュール等

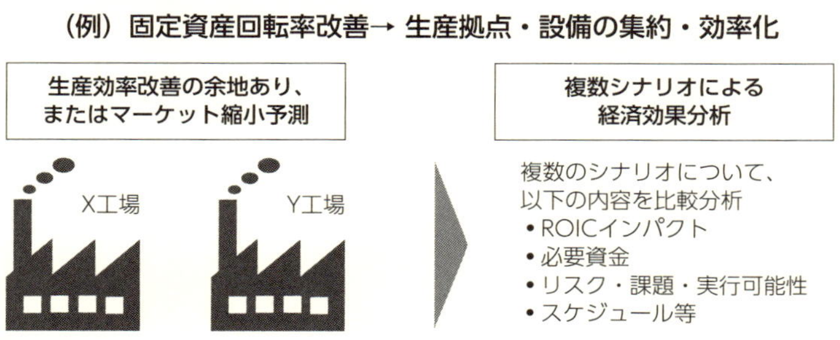

出典：筆者が作成

一方で、ROICが非常に低い水準にあり、投下資本回転率の大幅な改善が必要な場合には、現状の事業規模と生産規模との間にミスマッチが生じている可能性が想定される。したがってこの場合には、生産拠点や設備を集約して、効率化を図るなど抜本的な対策が求められる。これについては、(2)② Step2 の課題事業の方向性の検討と同様に複数のシナリオを設定し、損益、資金、ROICなどのKPIに与えるインパクト、リスク、実行に向けた課題、想定スケジュールなどについて比較検討し、改善方法を決定する。

なお、この検討については、一部の生産拠点が閉鎖となる可能性もあるため、徹底した情報管理のもとで秘密裏に進める必要がある。また、検討に際しては、技術部門や工場長など、適切なメンバーをタスクフォースに参画させることが望ましい。こうすることで机上の検討やシミュレーションではなく、実行可能な改善施策を講じることができる。

(4) 低収益資産の処分
①非事業資産の収益性
ROICを低下させている要因は事業とは限らない。資本コストを上回るリターンを生み出していない非事業資産もROICを低下させている要因の一つとなる。

非事業資産は、全社ROICと事業部門ROICの間で抜け落ち、月次や四半期での業績管理上も低収益資産と認識されない可能性がある。したがって、経営層やコーポレート部門は、ROIC経営にシフトする際に、こうした資産のリターンの状況を確認し、必要に応じて対策を講じることが求められる。

低収益となっている可能性がある非事業資産としては、余剰現預金、有価証券、賃貸不動産などが考えられるが、本社管轄の資産に限らず、事業部門の投下資本に含まれている資産についても、事業に供していない低収益資産がないか確認しておく必要がある。

②政策保有株式の取扱い
有価証券に含まれている政策保有株式については、事業上の関係強化という定性的な問題と、投資効率という定量的な問題の両方を含んでいることから、その取扱い方針については慎重な検討が求められる。

これまで日本企業で多く見られた株式の持合いは、安定株主の存在により経営陣に対する株主からのプレッシャーが低下するという発行体のガバナンスの問題だけでなく、保有側が投資による十分なリターンが得られていないという資金運用面の問題も含んでいる。売却を想定していない政策保有株式の定量的なリター

ンは配当であるが、日本取引所グループのホームページで開示されている統計資料によれば、過去3年における東証1部上場企業株式の配当利回りは2%以下で推移しており、政策保有株式への投資は資本コストを賄うだけのリターンを得られていないとみられる。一方で、こうした株式を保有していることによって事業上の関係が強化され、継続的な取引により利益を稼得している側面もある。政策保有株式は、発行体との関係から以下の3つの区分に分類することができる。

 i 売却可能な株式 長期間保有しているものの、実際には売却しても事業上支障がない株式については、その収益性を鑑みた上で、保有方針を見直すことが望ましいであろう。

 ii 事業関連株式 事業上の取引関係の強化・維持のために継続保有が必要な株式については、関連する事業の投下資本に含めることが合理的と考えられる。この株式に投資された資金は、当該事業で利益を獲得するために投下されたものであるため、事業部門ROICの分母に含めることは合理性がある。なお、関連する事業部門やSBUが複数ある場合には、一定の基準で按分するなどの対応が採られることがある。

 iii その他の株式 事業との直接的な関係はないものの、企業同士の関係維持のために、売却が困難な株式も想定される。具体的には、企業グループや金融機関の株式などである。これらの株式は、保有によりブランドや信用力の面でメリットを享受しているかもしれないが、その効果の定量化は困難である。企業がこれらの株式を保有するのであれば、自社の資本コストや伊藤レポートで示されている水準（8％）を上回るROEを継続的に達成していることが、ひとつの目安となるであろう。

③非事業資産の売却資金の使途

 ROIC改善のためには、収益性の低い非事業資産は売却して換金することが望ましい。ここでは、その売却資金の使途について検討してみたい。

 図表4-7のとおり、ある企業が保有する非事業資産200を同額で売却したケースを想定する。当該企業の現状のROEは6.6％であり、事業に係るROICは5.6％である。全社ROICは3.8％と事業ROICよりも低いが、これは全社ROICの分子が税引後利益である一方、事業ROICの分子は税引前利益である点、また全社ROICの分母には年間2％のリターンしか得られていない非事業資産が含まれている点が大きく影響している。当該企業が非事業資産を売却して得た資金200の使途として、i 有利子負債の返済に充てるケース、ii 株主還元に充てるケー

第4章 ROIC経営による企業価値向上

図表4-7 非事業資産の売却資金の使途(設例)

			非事業資産を200で売却した場合の影響		
		現状	i 負債返済	ii 株主還元	iii 事業投資
BS	事業資産	1,800	1,800	1,800	2,000
	非事業資産	200	—	—	—
	有利子負債	1,000	800	1,000	1,000
	自己資本	1,000	1,000	800	1,000
PL	営業利益	100	100	100	111
	非事業資産利益	4	—	—	—
	支払利息	−10	−8	−10	−10
	法人税等	−28	−28	−27	−30
	純利益	66	64	63	71
KPI	事業ROIC(%)	5.6	5.6	5.6	5.6
	全社ROIC(%)	3.8	4.0	4.1	4.0
	ROE(%)	6.6	6.4	7.9	7.1

設例の前提条件:非事業資産利回り2%、支払金利1%、税率30%
計算式:事業ROIC=営業利益/事業資産
　　　:全社ROIC=(純利益+支払利息)/(有利子負債+自己資本)
　　　:ROE=純利益/自己資本

出典:筆者が作成

ス、iii 事業投資に充てるケースの各々について、BS、PL、KPI、に与える影響を確認する。

　i 　有利子負債の返済に充てるケース　売却資金で有利子負債を返済する場合、事業ROICへの影響はないが、全社ROICは低収益資産の投下資本とリターンが排除された影響により改善する。なお、このケースのように金利水準が非事業資産の利回りより低い場合には、有利子負債返済による支払利息の減少額よりも、資産売却による喪失利益の方が大きくなるため、純利益は減少しROEは低下することとなる。しかしながら、現状では、金利や売却対象となる非事業資産の投資利回りはいずれも低水準にあるため、ROEに与える影響は極めて限定的となる。

　ii　株主還元に充てるケース　売却資金を自己株式取得などの株主還元に使用する場合も、事業ROICへの影響はない。このケースでは、株主還元額と同

額だけ株主資本が減少するため ROE は改善する。資産売却の規模が大きい場合には、ROE の改善影響も大きくなる可能性があるが、企業の持続的成長や企業価値の向上の観点からは、必ずしも望ましい資金使途とはいえない。

iii **事業投資に充てるケース** 売却資金を事業投資に充てる場合には、その投資がどの程度のリターンを生み出すかによって ROIC などへの影響は異なる。このケースでは、200 の事業投資により、現状の事業 ROIC5.6％と同水準のリターンが得られることを前提としているため、利益は増加し ROE も改善する。当該投資が十分なリターンを生み出さない場合には、全体の事業ROIC が低下する一方、高いリターンを生み出す場合には事業 ROIC は改善する。

有利子負債の返済や株主還元のケースでは、KPI などへの影響は予測できるが、事業投資に充てる場合には事業リスクが伴うため、計画通りの結果になるとは限らない。

実務上は、売却資産の規模を踏まえ、場合によってはこれらの方法を組み合わせることになると思われるが、いずれにしても事前に十分シミュレーションした上で対応を検討する必要がある。

3. ROIC 経営における中長期的アクション

(1) 中長期的アクションに際して必要となる取り組み

ROIC 経営を導入し、短期的アクションを進めることはそれほど難しいことではない。しかしながら、ROIC 経営を社内に浸透・定着させることは難しく、導入はしたものの十分浸透させられずに形骸化してしまった事例も少なくない。この場合、フロー経営への回帰が起こり、投資の PDCA サイクルやバランスシートに対する意識の問題は解決されないまま、フロー指標を重視した経営管理が踏襲され、投資効率が悪化したタイミングでリストラクチャリングを繰り返すという悪循環に陥ることもある。

このため、ROIC 経営の取り組みが短期的アクションだけで終わることがないよう、全社一丸となって中長期的アクションを進める必要があるが、その際には次の3点が重要である。

①中期経営計画における目標設定
②ROIC 経営に係る仕組みの構築
③役員・従業員の教育

(2) 中期経営計画における目標設定
①目標達成時期の重要性

　ROIC 経営を社内に浸透させるためには、全社や事業部門における ROIC の目標値を設定し、これを起点に改善を進めることとなる。ただし、ROIC は投資に対するリターンを評価する指標であるため、毎期の予算策定に際して前年度からの改善を求めるような目標設定を行うと、利益の増加が困難な事業部門は目標達成のために投資を抑制し、事業の縮小均衡を招くリスクがある。

　事業部門が不採算製品や過剰な生産設備を抱えている場合には、短期的な ROIC の改善目標は必要であるが、そうした状況にない事業部門にも短期的な ROIC の改善を求めると、ROIC 経営の目的である企業価値の向上と逆方向に企業や事業を進ませることになりかねない。

　したがって、ROIC の目標は、中長期的な時間軸で設定することが肝要である。ROIC の目標を設定するタイミングとしては中期経営計画策定時が望ましく、その計画最終年度の目標値を設定すればよいであろう。

　中期経営計画の計画期間は通常 3 年程度であるが、計画期間中に多額の投資を予定している場合には、単年度の ROIC は低下する可能性がある。しかしながら、この短期的な変動にはこだわらず、あくまでも中長期的な視点で計画最終年度の目標 ROIC の達成を目指すことが重要である。中期経営計画の中であらかじめ投資による ROIC の悪化が織り込まれていれば、事業部門が短期的な評価を意識して投資を先送りするリスクは抑えられる。

　企業価値創造の源泉は、将来における ROIC と WACC の差である ROIC Spread であるため、短期的な ROIC の変動に一喜一憂するのではなく、中期経営計画に ROIC の目標値を織り込むことにより、中長期的な視点で ROIC を高めることを目指すべきである。

②中期経営計画における ROIC の目標設定プロセス

　ROIC は中期経営計画の最終年度における目標値を設定するのが望ましいが、具体的にはどのようなプロセスで目標値の設定を進めるべきであろうか。実務上は、次のようなステップで検討が進められているケースが多いと思われる。

　ⅰ　ROE の目標水準を決定する
　ⅱ　WACC を設定する
　ⅲ　全社 ROIC の目標値を決定する
　ⅳ　事業別 ROIC の目標値を設定する
　ⅴ　事業部門においてドライバーの目標値を設定する

図表 4-8 ROIC の目標設定プロセス

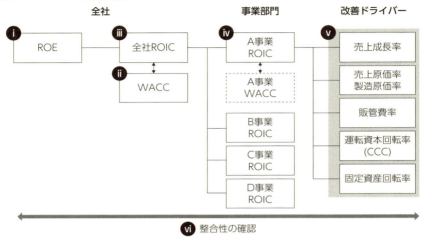

出典：筆者が作成

ⅵ　数値計画と目標 ROIC との整合性を確認する

ⅰ．ROE の目標値の決定　ROIC は ROE の構成要素の 1 つであるため、その目標設定は ROE の目標値の影響を受けることとなる。ROE は、企業が企業価値向上を目指して活動した結果を示す指標であり、それ自体を目標とすべきものではないため目標値を設定する必要もない、という意見もある。ただ、現在の日本企業が置かれている環境下では、一部の低 ROE 企業には、一定水準まで ROE を高めることが求められており、そのためには目標設定が必要となる場合もままある。

　現在、多くの日本企業が意識している ROE の水準は 5％ないし 8％であろう。
　前者は、一部の議決権行使助言会社が議決権行使助言基準として、過去 5 期の平均 ROE が 5％を下回り、かつ直近期の ROE も 5％を下回る場合には、当該企業の経営陣の選任に関して原則として反対を推奨していることからきている。取締役選任決議の賛成率は通常 90％を超えるが、この議決権行使基準の影響などにより、基準に抵触した企業の場合には 50％台となるケースも見られる。
　議決権行使助言会社の反対推奨について、企業側からは、取締役選任はあくまでも人物本位で判断されるべきであり、画一的な評価には問題があるという指摘もなされている。しかしながら、多数の企業に対して議決権を行使する機関投資

家が、株主総会が集中する時期に全企業の取締役選任の妥当性を吟味することは実務的に不可能である。したがって、企業が経営体制を安定化させるためには、ROEを5％以上に維持することが重要であり、現状では上場企業にとってROE5％は必達目標と言えるだろう。

また、後者の8％は、伊藤レポートで最低ラインとされているROEの水準である。現状では、ROEが8％に達していないことで企業に何らかのデメリットが生じる可能性は低いが、資本市場からの資本生産性改善に対するプレッシャーに応えるためにも、実際には多くの企業がこの8％を意識していると思われる。

このような外部環境要因に基づいて、5％ないし8％というハードルがROEの目標水準を検討する上で重要となっているが、別途自社固有の要因として、ROEが自社の株主資本コストを上回っているか否かについても留意が必要である。この2つの要因を軸に整理すると、**図表4-9**に示すマトリックスとなり、各々のポジショニングで異なる対応が求められることとなる。

a. **ROEが8％超かつ資本コスト超の企業** この区分の企業は、ROEの水準と株主資本コストとの関係においては合格レベルと言える。さらなる企業価値の向上を目指すべきであるが、その中でROEをどの程度重視するかについては、企業理念や他のステークホルダーとの関係なども踏まえて判断されることになるであろう。

b. **ROEが5～8％かつ資本コスト超の企業** この区分にある企業は、ROEが自社の株主資本コストを上回っており、議決権行使助言会社の基準にも抵触していないものの、伊藤レポートで最低ラインとされている8％には届いていない状況にある。この区分の企業は、ROEを8％超とすることにより、株

図表4-9 意識すべきROEの水準

外部環境要因	自社固有要因	ROEと株主資本コストの状況	
		ROE＞株主資本コスト	ROE＜株主資本コスト
ROEの水準	8％超	ⓐ 企業価値向上	ⓓ ①ROE＞株主資本コスト ②ROE8％以下の場合は、左と同様の対応も必要
	5～8％	ⓑ 8％（伊藤レポート）	
	5％未満	ⓒ 5％（議決権行使助言会社）	

出典：筆者が作成

式市場からのROEに関する質問や意見を減じることができるだろう。ただし、このROE8％は、企業の目的である企業価値向上の延長線上にある目標として捉えるべきである。ROE8％を早期に達成するために、企業価値を低下させるような施策を実行することは、株主や投資家が望まない点について十分留意する必要がある。

c. **ROEが5％以下かつ資本コスト超の企業**　この区分にある企業は、ROEは5％以下であるものの、CAPMにおけるβ値が非常に低いなど、株主資本コストが低い水準にあるため、ROEが株主資本コストを超過している状況にある。この区分の企業は、議決権行使助言会社から経営トップの選任に関する反対票が推奨される可能性があるため、経営者は経営体制を安定化させるべく、ひとまずROE5％を目標とすべきだろう。ただし、bと同様に、ROEの改善はあくまでも企業価値向上を目指した上で達成されるべき目標である。

　たとえば、多額の余剰現預金や政策保有株式により株主資本が厚くなっていることが低ROEの原因となっている場合には、今後の成長戦略や事業リスクなどを踏まえた上で、事業投資や株主還元の方針について見直しが必要となる可能性がある。

　一方で、収益性の低さが原因の場合には、抜本的な事業構造改革が求められる。また、同時に投資家との対話を進め、ROEが自社の株主資本コストを上回っている点などを説明し、一定の理解を得ることも必要であろう。

d. **ROEが資本コストを下回っている企業**　ROEが株主資本コスト、すなわち株主の期待収益率を下回っている状況は、残余利益モデルで考えると理論上PBRが1倍を下回っていることと同義である。この区分の企業は、現状では株主価値を破壊している状況にあることを意味するため、早期にROEの改善が求められる。改善策の実行によりROEが資本コストを超過した後は、先に述べたa、b、cの区分に応じて対応することとなる。

　それぞれの区分に係る論点を踏まえて決定されたROEの目標値は、投資家との関係で非常に重要な意味を持つ。対外的な公表は、株式市場に対する経営陣のコミットメントとなるため、投資家の期待、自社の状況、実現可能性を勘案し慎重に決定すべきである。また、あわせて裏付けとなる事業戦略、事業戦略の背景にある外部環境の予測、具体的施策、目標とする利益水準などについても説明することが望ましいであろう。

第4章 ROIC経営による企業価値向上

ⅱ．WACCの設定　ROICの目標値を設定するためには、まず、最低限超えるべきラインであるWACCを設定する。中期経営計画の最終年度におけるROICの目標値を検討するためには、3年後のWACC、またはさらに長期のWACCを想定する必要がある。一般的には、次のような考え方により各構成要素を決定し、WACCが設定されているケースが多い。

$$\text{WACC} = \text{株主資本コスト} \times \text{資本割合} + \text{負債コスト} \times (1-\text{実効税率}) \times \text{負債割合}$$

- **株主資本コスト**：CAPMにより算出した自社株式の期待収益率、各種調査による機関投資家の期待収益率など。
- **負債コスト**：計画最終年度の水準が不明であるため、現状の有利子負債を元に計算した加重平均金利を採用。
- **実効税率**：負債コスト同様、計画最終年度の水準が不明であるため、現状の実効税率を採用。ただし、将来税率の変更が確定している場合には、変更後の数値を採用。
- **財務レバレッジ（資本・負債の割合）**：一般的には、自社が中長期的に目標とする財務レバレッジを設定し、当該数値を採用しているケースが多い。また、自社の現状の数値や同業他社の平均値などを中長期的な資本構成の水準として設定している企業も見られる。なお、中期経営計画の策定に際して、まず最終年度の資本構成を決定し、その財務レバレッジを前提としてWACCを設定している企業もある。この場合には、数値計画の策定を進める中で、最終年度の資本構成に変更があればWACCも微修正し、計画完成時にWACCを確定させることとなる。なお、資本と負債の構成割合は、両者の簿価ではなく、時価で計算される点に留意が必要である。実務上はPBR＝1と仮定して株主資本の簿価を使用しているケースも多くみられる。

ⅲ．全社ROICの目標設定　中期経営計画の最終年度におけるROEの目標値を検討する過程では、計画期間のB/S、P/L、C/Fの財務3表シミュレーションを簡易的に行い、目標達成のために必要な利益水準を勘案した上でROEの目標値の実現可能性を確認するのが一般的である。したがって、この計画財務3表から概算ベースの全社ROICの目標値も計算されることとなる。

なお、ROEが既に十分高い水準にあり、ROEの目標値を設定しない企業の場

合には、ROEの目標値を元にROICの目標値を設定するアプローチではなく、全社ROICを意識するKPIと考え、現状のROIC水準や各事業の状況を踏まえた上で、中期経営計画の最終年度における全社ROICの目標値を設定するアプローチもある。

iv. 事業別ROICの目標設定

  a. **事業別ROICの目標設定の進め方**　全社ROICの目標が設定されると、次のステップとして、各事業部門の目標値の設定が進められる。

  　経営層やコーポレート部門が、事業部門に対して中期経営計画に係る全社的な方針や目標を示さず、各事業部門が計画を策定する場合には、出来上がった計画は部分最適の集合体である「各事業部門の足し算計画」になりがちである。このため、コーポレート部門には、全社ROICの目標値や経営層の経営戦略を踏まえた上で事業部門をリードし、関係者間の調整を図りながら、ROICの目標値を含む中期経営計画として取りまとめることが求められる。

  　具体的な検討プロセスにおいては、当然コーポレート部門と事業部門が協議しながら検討を進めて行くことになるが、コーポレート部門は事前に経営層が示す全社的な方向性、ROEや全社ROICの目標値、計画における全社の投資枠、事業ポートフォリオの評価、事業部門が作成した事業戦略・数値計画のたたき台、といった情報を整理するとともに、事業部門作成の数値計画をベースとした全社の数値計画のシミュレーションを実施し、全社の目標値と事業部門の計画の積上げ合計とのギャップを確認しておくことが望ましい。

  b. **ROICの見える化**　コーポレート部門は、各事業部門の目標値を設定するに際して、全社と各事業部門のROICの状況を正確に把握しておく必要がある。そのためには、各事業部門のROICを見える化することが有効である。この点については、次の設例を使って具体的に説明する。

  　この企業の全社と各事業のROIC、投下資本、EBITの状況と成長可能性をまとめたものが**図表4-10**である。この企業の全社ROICは現状3%であるが、経営資源の配分や各事業における改善施策により、全社ROICを5%に改善する目標が設定された。この現状をグラフを用いて見える化すると**図表4-11**のようになる。

  　このグラフの横軸は各事業の投下資本の金額であり、縦軸は現状のROICである。したがって、面積は利益（EBIT）を表している。横幅が広い事業

図表 4-10　事業別 ROIC の状況（設例）

		A事業	B事業	C事業	D事業	事業計	本社	全社計
現状	投下資本	4,000	6,000	3,000	1,500	14,500	3,500	18,000
	EBIT	320	120	−120	210	530	15	545
	ROIC（%）	8.0	2.0	−4.0	14.0	3.7	0.4	3.0
	成長可能性	中	低	低	高	—	—	—

出典：筆者が作成

図表 4-11　ROIC の見える化

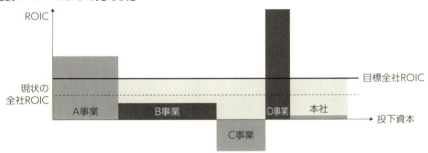

出典：筆者が作成

は多くの資産を抱えていること、縦に長い事業は ROIC が高いこと、面積が広い事業は多額の利益を稼得していることを各々示している。

このように見える化することにより、各事業の資産規模や ROIC の水準の差が明らかになり、全社 ROIC を低下させている原因や、成長を図るべき事業を把握することができる。

このグラフの縦軸に全社 ROIC の目標値 5％をとると、これと横軸の投下資本の全社合計で囲まれる長方形の面積が全社ベースの必要 EBIT を示すことになる。全社計画における目標 ROIC や目標利益との整合性を図るには、各事業の投下資本と ROIC を変動させる（長方形の形を変化させる）ことで、必要 EBIT の面積を満たすことが求められる。なお、本設例では、議論を単純化するために WACC は考慮していない。

c. **事業の状況を勘案した目標設定**　設例の企業は全社 ROIC5％の目標を踏まえて、**図表 4-12** のように各事業の目標値を設定し、これを**図表 4-13** のよ

うに見える化した。

　各事業の目標設定においては、先にも述べたが、全事業に対して画一的にROICの改善を求めないことが重要である。ROICの見える化からも明らかなとおり、それぞれの事業には資産規模やROICの水準に特徴があるため、現状の課題は異なっている。

　また、各事業のROIC改善の方向を検討する上で最も重要な要素は、事業の成長可能性である。ROICは効率性指標であり、投資実行直後は数値が低下する傾向にあるため、成長事業にROICの改善を求めると、成長の足枷となる可能性がある。したがって、事業部門におけるROICの目標を設定する

図表 4-12　事業別 ROIC の目標設定（設例）

		A事業	B事業	C事業	D事業	事業計	本社	全社計
現状	投下資本	4,000	6,000	3,000	1,500	14,500	3,500	18,000
	EBIT	320	120	−120	210	530	15	545
	ROIC（%）	8.0	2.0	−4.0	14.0	3.7	0.4	3.0
	成長可能性	中	低	低	高	—	—	—
計画	投下資本	4,200	5,000	2,000	3,000	14,200	3,300	17,500
	EBIT	357	100	40	360	857	13	870
	ROIC（%）	8.5	2.0	2.0	12.0	6.0	0.4	5.0

出典：筆者が作成

図表 4-13　計画における ROIC の変化

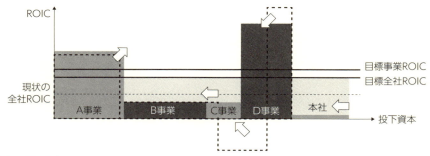

出典：筆者が作成

際には、それぞれの事業の状況を勘案し、コーポレート部門と事業部門が十分な対話を持った上で目標値を設定する必要がある。この設例の各事業では、次のような視点が重要であろう。

- A事業：投下資本が大きく、ROICも相対的に高い水準にあるため、この企業のコア事業と推測される。成長可能性もあるため、投資による収益拡大とROIC改善のバランスを重視する。
- B事業：投下資本は最も大きいが、ROICは低水準にあり、成長可能性も低い。このような資産の大きな事業については、投資のアクセルとブレーキのコントロールが非常に重要であり、この点を誤ると多額の減損リスクを抱えることになるため、経営層やコーポレート部門は特に注意を払う必要がある。このケースでは、成熟もしくは衰退事業と推測されるため、収益性を維持しつつ、投資の抑制により投下資本を減少させることで、ROICの維持・向上と減損リスク低減を目指す。
- C事業：現状ROICがマイナスとなっており、業績改善が必要な状況にある。成長可能性が低いため、事業の方向性を検討し、自力での回復可能性が確認されたことを前提として、大規模なリストラクチャリングにより、ROICの改善を目指す。
- D事業：投下資本は小さいが、ROICは非常に高い水準にある。成長可能性が高いため積極的に経営資源を投入し、事業の拡大を図る。投資により短期的にROICが低下する可能性はあるが、この事業の投下資本を増加させて全社に占める割合を高めることが全社のROIC向上に寄与するため、ROICの改善よりも長方形の面積であるEBITの増加を重視すべきである。
- 本社：投下資本は大きいが、ROICの水準は非常に低い。低収益資産については有効活用や売却を検討する必要がある。

このように、各事業の成長性とROICの状況を勘案した上で、グラフの各事業に係る長方形を変化させることにより、全社ROICの改善を目指すこととなる。なお、各事業の方向性を検討し、シミュレーションを行った結果、目標として考えていたROICの水準が達成不可能と判断された場合には、ROICの目標水準を引き下げるか、目標の引き下げが困難な場合には、事業の入れ替えを含む抜本的な対策を検討することとなる。

d. 本社部門が事業別 ROIC に与える影響　全社 ROIC を現状の水準から目標まで引き上げるために、各事業では ROIC 改善の方向性について検討が進められるが、ここで注意が必要なのは、グラフの一番右側にある本社部門の取り扱いである。

　通常、本社部門が管理する資産には、投資有価証券や不動産などが含まれる。また、全社と事業合計の間で投下資本に差異が生じている場合には、これも本社部門に含まれることとなる。具体的には、現預金や退職給付に係る負債など、本来的には各事業に帰属すべきものである。

　これら各事業の投下資本に含まれない資産・負債と紐付きの収益は通常少額であるため、本社部門の ROIC は極めて低水準になるのが一般的である。したがって、各事業が ROIC の目標値を全社 ROIC の目標値まで高めたとしても、本社部門の影響で全体としては目標値に達しないこともある。

　設例における全社 ROIC の目標値 5 ％を実現するためには、ROIC が 0.4 ％と低水準の本社部門の影響を事業部門が吸収しなければならず、各事業に求められる平均 ROIC は 6 ％と全社 ROIC よりも高い水準となる。

　このように、事業の必要 ROIC を検討する上では本社部門の影響を考慮する必要があるが、一方で、本社部門については、計画策定においてその存在が所与とされているケースも多い。本社部門の資産に係るリターンの状況を確認するとともに、低収益資産の削減可能性についても検討することが重要である。全社 ROIC の下落要因となっている本社部門の資産を削減することにより、各事業に求められる ROIC の水準を引き下げる余地があるため、コーポレート部門も ROIC 改善策の 1 つとして取り組むべきである。

ⅴ．事業部門におけるドライバーの目標設定　ⅳまでで、中長期的な ROE や ROIC の目標値や、各事業における投資と ROIC の水準が固まり、中期経営計画の大きな方向性も明確となった。この素案を踏まえて、各事業部門は事業戦略や数値計画について詳細な検討を進めることになる。

　各事業部門が作成する数値計画については、ROIC ツリー展開における各ドライバーの状況も確認しておく。計画期間中におけるドライバーの異常な変動については必ず明確な根拠が必要となるため、コーポレート部門が事業部門作成の計画をレビューする際には留意を要する。また、計画の実行段階で進捗状況をモニタリングする際にも、各ドライバーに係る計画と実績の差異を確認することにより、事業の課題や計画作成上の問題点をより的確に把握することが可能となる。

なお、各事業部門において、どのドライバーを集中的に改善し、具体的にどのようなアクションを検討しているかについて、事業部門とコーポレート部門の間で必要な対話を持ち、認識を一致させておくことが望ましい。

また、事業部門のトップや管理職の賞与査定において、計画 ROIC の達成状況を評価項目としている場合には、事業計画の精度に留意が必要である。このような場合には、事業部門は達成可能性の高い目標を設定する傾向があるため、コーポレート部門は過去の計画の達成状況なども踏まえて、計画の精度向上を図ることが求められる。

vi. **数値計画と目標 ROIC との整合性** 各事業部門の事業計画が策定された後、それらをコーポレート部門に集約し、コーポレート部門は経営層・事業部門と調整して全体の目標と各事業部門の目標との整合性を図り、中期経営計画を完成させる。

③ **ROIC の目標設定における留意事項**

これまで述べたとおり、ROIC の持つ特徴を踏まえると、その改善に向けた目標設定は慎重に行うべきであり、特に次の点には留意が必要である。

- ROIC の改善には中長期的な視点で取り組むべきであり、目標設定も中期経営計画に織り込むなどの対応が必要である。毎期継続的な ROIC の改善を求めると、目標達成のために投資が抑制され、事業が縮小均衡に陥るリスクがある。
- すべての事業部門に ROIC の改善を意識させることは企業価値の低下を招く可能性がある。成長事業については、効率性指標である ROIC ではなく、成長を促すような KPI を目標として設定すべきである。効率性を重視しすぎるあまり、事業の成長性を損なうことのないように配慮が必要である。
- フロー経営から ROIC 経営へのシフトを進め、ROIC 経営を社内に浸透させるために、全社一丸となって取り組む。そのためには、コーポレート部門と事業部門が現状の ROIC の水準、改善の方向性、目標水準について、しっかりとした対話を持つ必要がある。

目標 ROE や資本コストとの関係、全社・事業部門といった組織レベルごとの目標設定、各事業の収益性・成長可能性など、ROIC の目標設定には多くの事項が関係するため、検討過程は複雑化することが多い。しかしながら、これまでに述べたプロセスや留意点を踏まえて設定された目標 ROIC を含む中期経営計画には、企業価値向上に向けて企業・事業が進むべき方向性が明確に示されているた

図表 4-14　問題のある ROIC の目標設定

	問題のある目標設定	問題	あるべき目標設定
1	・毎期継続的な改善を目指す	・投資が抑制され、縮小均衡に陥るリスク	・中期経営計画において、中長期的な目標を設定する
2	・全ての事業に改善を求める	・成長事業の足枷となるリスク	・成長事業については成長を促す他のKPIを目標として設定する（ROICの低下は許容）
3	・コーポレート・事業間の対話なき目標設定	・ROICが形骸化するリスク	・目標水準や改善の方向性について、両者で認識を一致させる

出典：筆者が作成

め、株式市場からも高く評価されるものとなっているであろう。

(3) ROIC 経営の仕組みの構築

　ROIC 経営を浸透させるためには、目標設定だけではなく、経営の中に ROIC や投資効率を重視する仕組みを構築しなければならない。ここでは、フロー経営から ROIC 経営にシフトするに際して、再構築が必要となる仕組みについて説明する。

　具体的には次の3点について、仕組みを見直す必要がある。
　①事業ポートフォリオマネジメント
　②個別投資案件の審査
　③業績管理・評価

①事業ポートフォリオマネジメント

　ROIC は、投下資本に対するリターンを表す指標であるため、その改善を進める上で投資判断の重要性は極めて高い。全社レベルの投資判断については、経営資源を配分するための事業ポートフォリオマネジメントについて、適切な仕組みを構築する必要がある。

　将来の収益獲得のためには、市場の成長可能性が高く、その中で自社が優位なポジションを獲得できる可能性が高い事業に対する積極的な投資が求められる。しかしながら、市場が成熟しており、今後大きな成長が見込めない事業であっても、収益性の維持・向上のためには投資しなければならない。このように、各事業に対して限りある経営資源をどのように配分するかを判断するためには、各事業の適切な評価が前提となる。では、ROIC 経営にシフトすると、事業ポートフォ

第 4 章　ROIC 経営による企業価値向上

図表 4-15　ROIC 経営の仕組みの構築

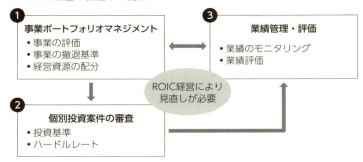

出典：筆者が作成

リオマネジメントにおいてどのような変更が必要となるのであろうか。

　ⅰ　**事業の評価単位**　事業を評価するにあたり、まずは現状の評価単位が適切か否かを確認する。近年では、カンパニーや事業部門よりも小さな事業単位である SBU を設定し、当該 SBU を事業の評価単位とする企業も多くみられる。

　　事業の評価単位が大きすぎると、投資を拡大すべき成長の種や、課題を抱えている事業が経営層やコーポレート部門から見え難くなり、事業の成長機会の逸失や、事業撤退の遅れなどが生じてしまう可能性がある。

　　したがって、可能な限り小さな単位で事業を評価することが望ましいが、一方で、評価単位が細分化されると、コーポレート部門にとっては管理業務の負荷が重くなり、個々の事業に対する理解が浅くなる恐れがある。期間損益を中心に業績を管理するフロー経営であっても管理部門には相応の負荷が生じるが、細分化した事業単位で ROIC 経営にシフトする場合には、事業別投下資本の把握などバランスシート項目の区分管理も必要となる。したがって、どの程度の単位で事業を評価するかについては、事務管理負担の観点も考慮して検討する。なお、事務管理負担を考慮し、カンパニーは ROIC で評価し、SBU はフロー指標のみで管理する、といった評価方法を採っている企業もある。

　　また、ROIC は投資効率を評価する指標であるため、事業投資に関する権限と責任を有する単位で評価することとなる。評価単位のトップが、自らの裁量により投資判断やドライバーの改善を行うことができなければ、適切な

117

評価単位とは言えないであろう。

ii **事業の評価方法** ROIC経営へシフトする際には、事業の評価単位だけでなく、各事業をどの様な視点・指標で評価するかといった事業の評価方法についても見直さなければならない。事業の評価方法としては、収益性と成長性の2つの側面から評価し、この結果に基づいて経営資源の配分を検討している企業が多い。

a. **収益性の評価** フロー経営の下では、営業利益やキャッシュフローなどによって事業の収益性が評価されていた。しかしながら、ROIC経営にシフトする場合には、収益性の評価指標としてROICも重視される。この場合、ROICの高低ではなく、WACCとの差額であるROIC Spreadで評価することとなる。

ROICとフロー指標のいずれを重視するかについては、ROICを重視しフロー指標を補完的に用いる方法や、反対にフロー指標を中心とする方法などがあるが、これについては各社の状況や課題に応じて決定すべきである。

ROICの評価期間として、通常は直前期の実績を元にすることが多いが、事業環境の変化が激しく業績のボラティリティが高い事業など、短期間の実績では収益性を適切に評価することができない場合には、3-5年の平均や推移を元に評価すべきであろう。

b. **成長性の評価** 次に、成長性についてであるが、この点に関しては多くの企業が評価方法を模索しており、企業の方々からは、他社がどのような方法を採用しているかについて質問をいただくことも多い。

本来的には、市場の成長性、競合状況を勘案した自社の優位性、これらが変化するリスク（市場への新規参入、代替品へのシフトなど）などを総合的に評価した上で判断すべきである。収益性は、過去の実績を元に評価することができるが、成長性は将来の予測に基づいた評価であるため、評価の根拠に関して合理性や客観性を担保できるか否かが問題となる。

コーポレート部門は、事業部門が保有しているデータなどで成長可能性に関する情報を確認することはできるが、日々の事業運営の中で得られる情報まで把握することはできない。一方で、事業部門はコーポレート部門よりも情報を把握しているものの、成長性に対する期待や主観が入り込んでしまい、評価の客観性を担保できない可能性がある。このような状況を勘案すると、現実的には、事業部門の成長性予測である将来計画中の売上

成長率を元にコーポレート部門が過去の実績推移や予測の根拠などを確認することでその合理性を確認し、成長性の評価指標とする方法が適切ではないかと考える。ただし、十分なデータの裏付けによる成長性評価は困難であるため、成長分野への投資配分は最終的には経営判断となることも多い。

また、成長性の評価においては、製品のライフサイクルが成長から成熟、成熟から衰退に移行する転換点の把握も重要なポイントであるが、これは、自社の事業に係る業績変化から予兆を捉えることができる場合がある。売上成長率の鈍化、競争激化によるマージンの低下など、毎期の変化は大きくなくとも、中長期のトレンドで見れば変化に気付く場合もある。

ⅲ **事業の撤退基準** 事業を成長性と収益性の観点から評価して、各事業のポジショニングが明らかとなったとしても、すぐに経営資源の配分を検討するのではなく、その前に課題事業の方向性を検討する必要がある。課題事業について、自力での改善を諦めて売却や撤退という判断がなされた場合には、当該事業は今後投資を必要としなくなるため、その部分を他の事業へ振り向けることができるようになる。このため、経営資源の配分を検討する前に、配分対象とする事業を確定させることが望ましい。

ROIC 経営にシフトする場合には、事業の撤退基準を見直し、課題事業を再定義しなければならない。フロー経営では、「3期連続赤字となった事業について、撤退を含む事業の方向性を検討する」といった基準を設定している企業も多いが、ROICは多額の投資によっても低下する可能性があるため、単年度の数値をベースに判断することが適切でない場合もある。このため、「過去数年の平均 ROIC が WACC を下回った場合に撤退に関する検討を開始する」という基準を設定している企業もある。一方で、課題事業に対する早期のアクションを重視し、「単年度の ROIC が WACC を下回り、翌年度以降も回復が見込めない場合」を判断基準とすることも考えられる。

このような基準に抵触した課題事業の方向性検討プロセスは、ROIC 経営における短期的アクションで述べたとおり、次のステップで進めることとなる。

Step 1　事業の将来性の見極め
Step 2　事業の方向性の検討
Step 3　改善策の実行

Step1 で自力での回復が見込まれる場合においても、「策定された改善計画

が2期または3期未達となった場合には撤退する」など、明確な撤退基準が必要である。実際には、当該事業の状況を踏まえての個別判断となるケースも多いが、このような基準を設定しておかなければ、「もう少しだけ様子をみよう」と撤退判断が先送りされ、事業価値が劣化し損失額が膨らむこととなる。

　事業の撤退基準を検討する際には、過去の事業撤退の判断や顛末を再確認し、これらを踏まえた上で、自社の事業特性に適した基準を設定することが望ましいと考える。

ⅳ　**経営資源の配分**　コーポレート部門が行った各事業の収益性と成長性に関する評価を元に、経営層とコーポレート部門は、各事業への経営資源、具体的には投資枠の配分を検討する。ただし、経営層とコーポレート部門がゼロベースから検討を始めるのは困難であるため、何らかの指針が必要である。この投資枠検討のための指針として、多くの企業では減価償却費の金額が利用されている。減価償却費と同額の投資を行えば、固定資産の金額は変わらないため、事業が成熟期にあって業績が安定している状況においては、投資額を検討する際に減価償却費が一定の目安となる。

　具体的な投資額を決定するプロセスとしては、次のように経営層・コーポレート部門が主導するケースと、事業部門が主導するケースに分けられる。

a.　**経営層・コーポレート部門主導による経営資源の配分**　この方法では、コーポレート部門が各事業の評価や過去の減価償却費を元に各事業の投資額の素案を作成し、これを経営層が確認・補正した上で投資案が事業部門に提示される。コーポレート部門が事業評価の結果を元に各事業をレーティングし、減価償却費の実績額にこのレーティングに応じた一定の割合を加味することにより、投資額の素案を作成している企業もある。

　　この方法は、経営の意思を反映させることができるが、反対に事業部門の意思が入り込む余地が少なくなるため、事業部門が不満を抱くことのないよう、経営層、事業部門、コーポレート部門が対話により意思疎通を図り、全員が納得した上で投資額を決定する必要がある。

b.　**事業部門主導による経営資源の配分**　この方法では、事業部門が暫定的な計画として概算投資額をコーポレート部門に提示し、コーポレート部門がこれを取りまとめる。これに、経営層が全社の投資枠を勘案した補正を加え、最終的な各事業の投資額が決定される。

　　この方法においては、事業の状況を十分理解している事業部門が素案を

立てるため、実態に沿った投資額が設定されることが期待される。ただし、事業部門は過度なリスクを避けようと現状の延長線の範囲内で投資計画を検討する傾向があり、結果として全社ではメリハリの効いた経営資源の配分とならない可能性がある。経営環境の変化が速まっている昨今の状況を考えると、経営層が各事業の状況を踏まえて、経営の意思を投資配分に反映させることが必要であろう。したがって、この方法の下では、経営層、コーポレート部門、事業部門間の綿密な議論により、経営環境の変化に対応できる投資配分を目指す必要がある。

②個別投資案件の審査

ROICを考慮した事業ポートフォリオマネジメントにおいて、投資効率の高い事業や成長が期待される事業へ経営資源をシフトさせることにより、全社ROICの改善を進めることができる。しかしながら、各事業への投資配分が適切になされたとしても、個々の投資案件が効果的なものでなければ、ROICや企業価値の向上は実現しない。したがって、個別投資案件の審査に係る仕組みも重要になる。投資審査の仕組みとして、投資基準とハードルレートに関する論点について解説する。

i **投資基準** 投資案件の定量的な評価基準としては、NPV、IRR、ROI、投資回収期間などを使用している企業が多いと思われる。これらはいずれも投資額に対するリターンを評価するものである。ただし、投資回収基準のみを評価基準としている場合には、投資・リターンとハードルレートの比較がなされていないため、NPVやIRRによる評価も採り入れ、業績評価に使用されるROICとの整合性を図る必要がある。

なお、NPVやIRRはキャッシュベースの評価であるのに対し、ROICは会計数値ベースの評価である。投資とリターンの関係は、本来キャッシュベースで評価すべきものであるため、投資判断に際してはNPVやIRRが使用されているが、企業や事業の資本生産性はキャッシュベースの評価が困難であるため、会計数値ベースのROICが使用されている。

ROICが社内に浸透している企業では、投資審査資料における数値計画の中で、各期の予想ROICや平均ROICを記載項目としているケースもある。これは、投資判断時にもROICを確認することでROICに対する意識を高めることを目的としたものである。

ii **投資のハードルレート** 一般的には、投資のハードルレートとしてWACC

を使用している企業が多いが、全事業一律のWACCを使用している企業もあれば、幅広い事業をグローバルに展開していることから、事業別、国地域別で異なるWACCを設定している企業もある。

　投資のハードルレートを全事業一律としている場合には、事業リスクが異なるにもかかわらず同じハードルレートが適用されている点について、リスクの低い事業部門が不満を抱くケースも多い。たとえば、全社WACCが5％、あるべき事業別WACCが3％の事業部門であれば、事業別WACCの方が必要リターンのハードルが下がるため、投資案件の選択肢が広がることとなる。

　一方で、WACCが低い事業部門がリターンの低い投資を多額に実行し、WACCの高い事業の投資が減少した場合、全社的に見ると、全社WACCよりも低い投資案件が多く実行される結果になる。このように、事業部門間で異なるWACCを設定する場合には、各事業部門による投資の実行状況が全社の収益性に影響を与えてしまうため、経営層とコーポレート部門は、事業部門間の経営資源の配分をより慎重に行う必要がある。

　また、別の例として、現状のWACCが4％の企業が、中期経営計画の最終年度のROIC目標値を6％に設定している場合について考えてみよう。このとき、IRR5％の投資案件は実行すべきであろうか。

　この投資案件は、現状のWACCである4％を上回っており、企業価値向上に寄与する投資と考えられる。一方で、この投資案件のリターンは、中期経営計画の目標ROICは下回っている。

　しかしながら、原点に立ち返ると、ROICを活用している目的は企業価値の向上であり、ROICの改善は企業価値向上のための一つの手段にすぎない。優先すべきは目標ROICではなく企業価値向上であるため、当該投資案件は実行すべきといえる。目標ROICは、企業価値向上のために企業全体が様々な活動を行うことによって達成されるものであり、事業投資はその活動の一部に過ぎない点に留意が必要である。

③業績管理・評価
ⅰ　業績のモニタリング　ROIC経営へのシフトを進めるにあたっては、業績のモニタリング方法についても見直しが必要である。

　本来的に、ROICは中長期的な視点で改善を図る指標であるため、モニタリングサイクルとしては年度単位が適切な期間であろう。四半期ごとに状況

を確認したい場合には、事業の季節性の影響を排除するため、LTM（Last Twelve Months、直近12ヶ月）の数値を使用することも考えられる。

ただし、ROICの推移や計画の達成状況のみを確認しても、変動や計画との差異の要因は把握することができないため、ROICツリーにより複数のドライバーに展開し、各ドライバーの状況をモニタリングする。また、これらのドライバーに重要な影響を与える指標、たとえば、販売単価、販売数量、生産台数などについても継続的にモニタリングすることにより、より詳細な原因分析が可能となる。なお、ROIC経営へのシフトを進めたとしてもフロー指標の重要性は変わらないため、フロー指標とROICのバランスを考慮したモニタリングが重要である。

ⅱ　**業績評価**　ROICの結果を個人の業績評価に反映させる場合には、対象者の範囲や評価方法に留意が必要である。

まず、対象者を、取締役、執行役員、事業部門の上席者などに限定すべきであろう。なぜならROICは、投資の成否の影響を大きく受けるため、投資の意思決定に関する権限を持つなど、全社あるいは事業部門において投資責任を有する者がROICで評価されるべきだからである。

評価方法は、前期からの改善度合いなど短期的な視点ではなく、中期的なROICの推移や計画の達成状況によるべきである。

また、評価指標については、ROICだけではなく、売上高や営業利益などのフロー指標も含め、複数のKPIで評価するのが適切である。なお、フロー指標による評価を基礎とし、ROICはあくまで上乗せ分として加味する、といった評価方法を採用している企業もある。

(4) 役員・従業員の教育・意識改革

ROIC経営を社内に浸透させていくためには、適切な目標設定や仕組みの構築に加えて、社内教育も重要である。ROICの必要性や重要性、基本的な考え方、投資資金には調達コストが生じている点などについて、役員・従業員に周知するのである。

ROICに関する社内教育が十分行われないまま仕組みの構築や目標設定が進められた場合、事業部門はROICの目的や必要性を理解しないまま改善を求められるため、必要な施策が十分実行されず、ROIC経営は浸透するどころか形骸化してしまう可能性すらある。したがって、役員・従業員に対する教育を進めることによって、フロー重視となっている社内の意識を改革し、ROIC経営の浸透を図

る必要がある。

ここでは、ROIC経営を導入している企業が実践している社内の教育・意識改革に関する事例を紹介したい。

①経営トップの海外投資家との面談、事業部門トップのIR説明

ROEや資本コストに対する意識の低い経営トップが海外の機関投資家との面談でショックを受け、資本市場を意識した経営へのシフトが進んだ、という話を耳にすることがある。このように、資本市場に対する経営者の意識を変えるためには、外部からのプレッシャーが有効となるケースが多い。

また、経営トップは資本市場を意識した経営の重要性を理解しているものの、事業部門トップの意識が低く、両者の間に大きなギャップが存在する企業もみられる。事業部門トップの意識改革を促すため、経営戦略の説明会で事業戦略の説明については各事業部門のトップが説明し、質問を受ける形をとっている企業や、経営トップだけでなく事業部門トップも投資家と面談している企業もある。

これらはいずれもショック療法であるが、経営企画やIR担当の意識や危機感は高いにもかかわらず、経営層の意識が低いがゆえに、資本市場を意識した経営が浸透しない企業においては、このような方法によって経営層の意識改革を促すことも選択肢の1つである。

②社内勉強会、eラーニング、社内報

ROIC経営に対する理解を深める方法としては、社内勉強会やeラーニングが最も取り組みやすく効果も得やすい。具体的な進め方として、まず管理部門から選抜されたメンバーを対象に研修を行い、次にこのメンバーが講師となって、全社的に勉強会を展開していくという方法を採用している企業もある。経営陣自らが講師となって勉強会を進めている企業もあるが、役員・執行役員クラスが講師を務めた方が、自らの言葉で強いメッセージを伝えることができるため、社内への浸透効果は大きいと思われる。なお、勉強会の内容については、普段から決算数値に触れることの多い管理部門向けと、営業や生産などの事業メンバー向けでカスタマイズするなど、進め方についても工夫が必要である。

実際には、社内報でROICの考え方などを解説している企業も多い。社内報は全社員を対象としているため、誰もが理解し得る平易な内容とすべきである。具体的には、イラストを多用したり、普段の生活における身近なものを使って説明するなど、工夫を凝らしているケースが多い。

また、説明を数回に分けて、定期的にメール配信する方法を採用している企業もある。1分程度で読める内容をコツコツ配信したり、連続性のある内容として

配信するなど、読み手の負荷や興味に配慮した取り組みがなされているケースもある。

③アンケートによる社内浸透に係るPDCAサイクルの確立

ROIC経営に関する社内教育については、社内の理解度を定期的に確認する必要がある。勉強会や社内報による紹介については、ひととおり実施すると活動が停滞してしまうことが多い。このため、全役員・従業員を対象としたアンケートを実施し、ROIC経営の浸透度を確認することが望ましい。このアンケートの結果、十分浸透していないのであれば、現状の取り組みを見直し、必要に応じて別の方法を検討する。

アンケート結果については、階層別、事業部門別、機能部門別のように、いろいろな角度で分析し、浸透が進んでいない部分を適切に把握する。このように、ROIC経営の社内への浸透についてもPDCAサイクルを確立し、活動を継続的なものとすることが重要である。

4. ROIC経営におけるポイント

これまでROIC経営に関して多くの企業の方々と意見交換してきたが、ROICの導入に成功し、その効果を実感されている企業がある一方、導入したものの社内に浸透させることができずに頓挫した企業も多数あった。では、ROICの導入に成功した企業と失敗した企業の違いはどこにあったのだろうか。両者の取り組みを比較した結果、ROIC経営を成功させるためのポイントは次の3点にあると考える。

①トップマネジメントの理解・コミットメント
②コーポレート部門のROICに関する認識
③コーポレート部門と事業部門の戦略的対話

①トップマネジメントの理解・コミットメント

ROICを浸透させるためには、トップマネジメントがROE向上や資本コストを意識した経営の必要性を理解していることが大前提となる。また、最終的な目的は企業価値の向上であり、そのためには財務レバレッジの調整ではなく、稼ぐ力を高めることでROICを高めることが求められている、といった企業価値向上の全体像に対する理解も必要となる。

ROIC経営は、業績評価など社内の価値観の変更も伴うため、この変更により

一部の事業部門では不満が生じ、事業部門とコーポレート部門の間で軋轢を生むこともある。このような社内の利害調整を治めるためには、トップマネジメントがROIC経営の導入にコミットし、その推進を主導するとともに、必要な説明や対話に積極的に取り組む必要がある。

ROIC経営の導入に成功した企業は、トップマネジメントがリーダーシップを発揮し、強い推進力を持って社内への浸透を図っている点で共通している。

また、多くの成功企業では、財務内容の悪化、議決権行使助言会社の基準への抵触、他社との経営統合など、経営者が経営方針を変更するための契機となるイベントがあったため、経営者はこのイベントを追い風にしてROIC経営の必要性を社内に訴え、導入を強く推進することが出来たという側面もある。

したがって、このようなイベントがない無風状態の企業にとっては、如何にして経営者にROIC経営の必要性を強く認識させることができるかが、ROIC経営の導入・浸透における重要なポイントとなるであろう。

②コーポレートのROICに関する認識

先に述べたとおり、ROICは使い方を誤ると縮小均衡に陥ってしまい、企業価値が低下してしまうリスクがある。このため、コーポレート部門は、ROICの問題点を十分に理解した上でROIC経営の仕組みを構築し、目標設定を行う必要がある。

また、ROE、全社ROIC、事業別ROICのつながりや、ROICの計算式を、適切に整理できていない企業も多くみられる。このため、本社の低収益資産の問題が放置されているケースや、コーポレート部門と事業部門のいずれも管理していない費用が存在するケースもある。

このような事態を回避するためには、ROIC経営の導入を検討するタイミングでコーポレート部門がROICの特徴や課題を十分理解し、その上でROIC経営の導入・浸透を主体的に進めていくことが求められる。

③コーポレート部門と事業部門の戦略的対話

ROICの導入に失敗した企業の中には、ROIC導入の是非、計算式の考え方、目標水準などについて、コーポレート部門と事業部門の間で十分な議論が行われないままROIC経営へのシフトが進められたケースもある。こうしたケースでは、事業部門は不満を募らせ、経営層やコーポレート部門が主導したROIC経営の問題点を粗探ししたり、社内でネガティブキャンペーンを行ったり、引き続き既存のKPIを重視した事業運営を行ったりするなど、ROIC経営を無効なものとするためのアクションを採るケースも見られる。

一方で、ROIC の導入に成功している企業では、ROIC の仕組み構築や目標設定などについて、コーポレート部門が事業部門と積極的に対話し、意思疎通を図りながら導入を進めているケースが多い。また、目標設定においては、ROIC ツリー分解や改善ドライバーの検討などについてコーポレート部門が事業部門を手厚くサポートするとともに、現在事業が置かれている状況を踏まえた目標となるよう、両者が協議しながら二人三脚で進めているケースも見られる。

このようなコーポレート部門のサポートや対話により、事業部門の ROIC に対する理解が深まるとともに、ROIC の改善に必要なアクションも明確になり、しっかり腹落ちした状態で ROIC 経営へシフトすることができる。また、コーポレート部門も、事業部門との対話によって、各事業の状況や課題をより深く理解することができるため、グループ全体の目標設定や事業ポートフォリオマネジメントをより有効なものとすることができるというメリットもある。

5. 事例：オムロンの ROIC 経営

(1) オムロンの ROIC 経営の概要

ここまで、ROIC の活用方法について述べてきたが、実際に ROIC を活用した経営に取り組んでいる事例としてオムロンの ROIC 経営を紹介したい。

オムロンは、2012 年から本格的に ROIC 経営をスタートさせているが、現状では、日本で最も ROIC を有効に活用している企業の一つと言えるだろう。オムロンが経営において ROIC を重視している理由は、異なるドメイン・事業を評価するために ROIC が公平な指標と考えているためである。

たとえば、各事業を横並びで評価する際に営業利益率を評価指標とすると、事業特性による利益率の差異が評価に影響を与えてしまい、各事業部門のパフォーマンスの良否が適切に評価されないこととなる。各事業を公平に評価するためには、いくら資金を使っていくらリターンを得たか、というシンプルな投資効率による評価が望ましいと考えたことが、同社が ROIC を事業の評価指標として採用した理由である。

オムロンの ROIC 経営における特徴は次の 3 点と考えられる。
- ポートフォリオ・マネジメント
- ROIC 逆ツリー展開
- ROIC 翻訳式

(2) ポートフォリオ・マネジメント

オムロンでは、全社を約90個の事業ユニットに分解し、**図表4-16**のように、収益性と成長性の2つの側面で経済価値を評価し、各事業ユニットをS（投資領域）、A（再成長検討領域）、B（成長期待領域）、C（収益構造改革領域）の4つに分類するプロダクト・ポートフォリオ・マネジメント（PPM）を行っている。この各評価軸のKPIとして、収益性はROIC、成長性は売上高成長率が採用されている。このPPMを活用することにより、事業の成長加速や構造改革・撤退などの経営判断が適切かつ迅速に行われている。

また、オムロンのPPMフローは、**図表4-17**のようになっている。はじめに経済価値評価を行った後、市場価値を評価し、これらの結果を踏まえて成長機会や課題の抽出を行い、必要な対応策を検討・実行するというフローが確立されている。経済価値評価のみでは、経営資源の配分を検討する材料としては十分でないため、市場の魅力（市場成長率）と自社の強み（市場シェア）の2軸による市場価値評価をPPMフローに組み込むことで補完している。

PPMの本質は、限られた経営資源の再配分による企業価値の最大化であるため、成長事業には資源配分を厚くする一方、課題事業については改革もしくは資源配分のシフトを行い、資本効率の改善を図っている。これにより、最適なポートフォリオを構築し、企業価値向上を目指している。

(3) ROIC 逆ツリー展開

おそらくオムロンのROIC経営と言えば、このROIC逆ツリー展開が最も有名ではないだろうか。企業全体にROIC経営を浸透させるためには、コーポレート

図表4-16　オムロンのポートフォリオ・マネジメント

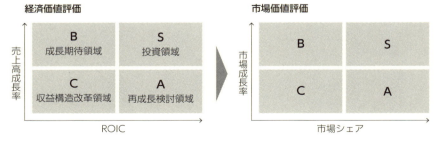

出典：オムロン統合レポート2016を元に筆者が作成

図表 4-17　オムロンのポートフォリオ・マネジメントフロー

STEP1	STEP2	STEP3	STEP4	STEP5
経済価値評価	市場価値評価	成長機会の抽出・課題抽出	検討・実行	各領域のマネジメントの向上

出典：オムロン統合レポート2016を元に筆者が作成

部門がROICを評価指標とするPPMだけでは不十分である。各事業部門にROICの改善を意識させるためには、ROICツリー展開によって細分化した目標設定が必要となる。なお、この逆ツリー展開の考え方は、オムロンのIR資料として公開されているため、複数の企業でこれを模倣したと思われる取り組みがなされている。

一般的なROICツリー展開は既に説明したとおりであるが、ROICを起点としてこれを複数のドライバーに分解し、展開していくものである。一方、**図表4-18**に示したのがオムロンのROIC逆ツリー展開である。一見して分かるとおり、ROICを分解する考え方は同じであるが、一般的なROICツリー展開とは逆になっている。このため、逆ツリー展開と名付けられている。

この逆ツリー展開により、各ドライバーに紐付く現場レベルのKPIが設定される。この現場レベルのKPIは、コーポレート部門が事業部門に提示するのではなく、事業部門が主体的に設定するものである。事業部門は試行錯誤を繰り返しながら適切な現場KPIを設定し、これにより、改善ドライバーとの関係性の強い現場KPIが設定されることとなる。そして、この改善ドライバーと現場KPIの結びつきが強まることで、現場レベルの目標であるKPIと経営レベルの目標であるROICがシンクロし、現場KPIの改善効果が無駄なくROICの改善に反映されるようになる。

また、改善ドライバーとして複数のドライバーが記載されているが、これについては総花的に全ドライバーの改善を目指すのではなく、焦点を当てるドライバーを選定した上で集中的に改善を図っている。

なお、改善ドライバーの選定においては、売上総利益率は全事業部門共通とされており、オムロンでは売上総利益率にこだわってROICの改善が進められている。同社のような製造業で売上総利益率の改善を図るためには、生産部門における原価低減だけではなく、売価コントロールや利益率の高い新製品の投入など、事業部門内における生産、販売、開発、企画などの部門が横断的に連携する必要

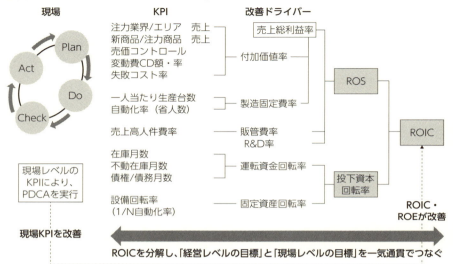

図表 4-18　オムロンの ROIC 逆ツリー展開

出典：オムロンベーシックインフォメーションを元に筆者が作成

がある。そのため、コーポレート部門が横串組織の役割を担うことで、各部門の連携強化を図っている。このように、各機能部門の連携強化を促進するためにも、売上総利益率を重視した改善活動が重視されているのである。

また、ROIC 逆ツリー展開の構造を従業員が理解することにより、従業員の視野が広がる効果も期待される。この逆ツリー展開を導入することにより、各機能部門が KPI 間のトレードオフの関係を認識するようになり、従業員が所属部門の KPI 改善のみを重視する部分最適から全体最適の視点を持った判断にシフトするのである。

最後に、このツリー展開が「逆」となっている理由であるが、一般的な ROIC ツリー展開は、経営層が意識している ROIC が起点となっているため、経営層の目標を細分化し、現場レベルに目標を振り分けているイメージを受ける。一方で、逆ツリーの起点は現場である。ROIC 逆ツリー展開では、現場における改善活動の成果が集約された結果として、経営目標である ROIC の改善が達成されるというイメージが表されている。このように、あくまでも起点は現場であるという点を視覚的に表したいという目的で、逆ツリー展開が採用されているのである。

(4) ROIC 翻訳式

　ROIC 逆ツリー展開により、現場レベルの目標と経営の目標とを連携させることができるが、現場のメンバーが自身の目標だけでなく、企業全体としての目標である ROIC の内容を理解することも重要である。しかしながら、財務諸表やコーポレートファイナンスに触れることが少ない現場の方々が ROIC や WACC の内容を理解するのは困難である。このため、オムロンでは経理、財務や戦略部門など以外の方々も対象として、ROIC 改善のために各自に必要な行動をイメージできるよう、次の「ROIC 翻訳式」を用いて ROIC の浸透を進めている。

〈ROIC翻訳式〉

$$\text{ROIC} \fallingdotseq \frac{\text{お客様の価値} \uparrow \uparrow （社内の後工程を含む）}{\text{必要な経営資源} \uparrow + \text{滞留している経営資源} \downarrow}$$

　この ROIC 翻訳式においては、成長に必要な経営資源への投資は増やすことが推奨される。ただし、経営資源には限りがあるため、必要な経営資源を確保するために資源配分の優先順位を考え、「ムリ・ムダ・ムラ」となっている経営資源を削減し、成長のための事業投資に経営資源をシフトする必要がある。そして、これらの投資により、お客様に対して投資以上の価値を提供することが重要と整理されている。

　理想的には、全社員が ROIC の内容をしっかり理解することが望ましいが、現実的には不可能である。しかしながら、ROIC 経営を進める上では、必ずしも全社員が ROIC の理論的な内容までを理解する必要はない。現場の方々は、投下資本や WACC の内容を理解していなかったとしても、経営が目指している内容や、自身に必要なアクションが理解されていれば十分である。

(5) ROIC 導入後の業績

　オムロンは、ROIC 経営を社内に浸透させるためには、全社員を巻き込むことでベクトルを同じ方向に合わせることが重要と考え、逆ツリー展開や翻訳式など現場を意識した仕組みを構築している。このようなオムロンの経営姿勢は株式市場からも高く評価されており、2014 年度の企業価値向上表彰の大賞を受賞している。

　オムロンの ROIC の推移は、**図表 4-19** のとおりである。2015 年には中国経済の減速や為替の影響で低下しているが、全般的には ROIC は右肩上がりで改善し

ていると言えよう。**図表 4-20** は同社の株価の推移を示しているが、ROIC の大幅な改善を受け、株価も TOPIX を大きく上回っている。

オムロンの ROIC 経営は既に経営の基礎として定着している感があり、PPM や逆ツリー展開といった仕組みにより、全社と事業部門双方の視点による資本生産性に関するチェックが機能している。翻訳式による社内への ROIC 浸透に終わりはなく、今後も発展的に継続されているものと推量される。

図表 4-19　オムロンの ROIC の推移

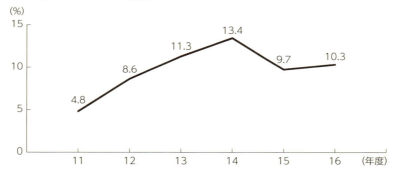

出典：オムロン統合レポート2017を元に筆者が作成

図表 4-20　オムロンの株価の推移

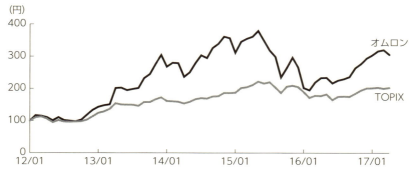

出典：SPEEDAのデータを元に筆者が作成

第5章

資本生産性指標と バランスシートマネジメント
―― 最適資本構成の追求

1. 日本企業のバランスシートに対する機関投資家の認識

　前章では、ROICを利用する際の実務上のポイントについて概観してきたが、本章では、資本生産性指標とバランスシートマネジメントについて取り上げる。

　資本生産性指標は、投下資本に対するリターンを表す指標であるが、それは資本コストとの対比で価値を創造しているか、破壊しているかを測る指標でもある。当然のことながら、リターンの高低は、分子を所与とすれば分母である投下資本の大小に左右される。投下資本は、使用する資本生産性指標によってその定義や範囲は異なるが、バランスシート全体もしくは一部を活用することに変わりはない。つまり、資本生産性指標を活用する上ではバランスシートをどう活用するかが、極めて重要である。

　そもそも機関投資家は、日本企業のバランスシートをどのように見ているのであろうか。ここで生命保険協会の調査結果を元にいくつかのデータを見ていきたい。

　まず、企業と投資家はどのように自己資本水準を認識しているのであろうか。**図表5-1**のとおり、約6割の企業が「適正な水準にある」と考えているのに対して、7割の機関投資家は「余裕のある水準と考えている」のが分かる。また、手元現預金水準に関しては、企業側の63.3％が「適正と考えている」のに対して、機関投資家側は84.9％が「余裕のある水準と考えている」。

　つまり、日本企業は総じて自社のバランスシートは適正と考えているのに対し、機関投資家側は日本企業の財務体質に関して、財務の健全性への配慮が過剰と見ていることを意味している。換言すれば、機関投資家から見ると、企業側は現在のリターンを稼ぐために過剰な資本を投下している、もしくは、効率的に投下していないように映る、ということを意味している。

　資本をどう活用するかは経営判断であり、時として投資家と意見が相違するのはやむをえない。しかしながら、**図表5-2**に示すとおり、機関投資家は日本企業の手元現預金水準の妥当性に関して「あまり説明されていない」と感じている。

　機関投資家は、手元現預金に余裕があるからといって、直ちに株主還元に充ててほしいと要望している訳ではない。同様の生命保険協会の調査によれば64.5％の投資家が手元現預金の使途として「成長に向けた投資資金」が望ましいと考えている。また、株主還元の適切性を評価する観点として、投資家は「事業の成長ステージ」や「投資機会の有無」を重視している（**図表5-3**）。

　こうしたデータは、日本企業は総じて自社のバランスシートの財務健全性、手

第5章 資本生産性指標とバランスシートマネジメント——最適資本構成の追求

図表 5-1 自己資本と手元現預金の水準に関する認識

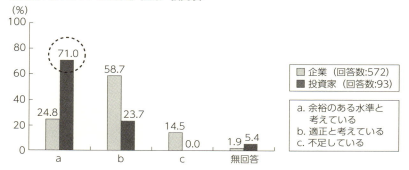

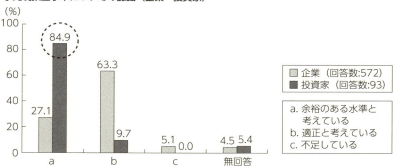

出典：一般社団法人 生命保険協会「平成28年度 生命保険協会調査 株式価値向上に向けた取組みついて」を元に筆者が作成

図表 5-2 投資家からみた日本企業の手元現預金水準の妥当性に関する説明

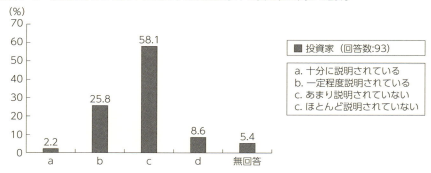

出典：一般社団法人 生命保険協会「平成28年度 生命保険協会調査 株式価値向上に向けた取組みついて」を元に筆者が作成

図表 5-3 手元現預金の活用と株主還元に関する投資家の意見

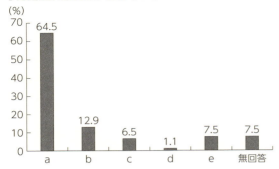

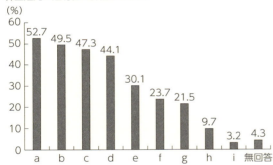

出典：一般社団法人 生命保険協会「平成28年度 生命保険協会調査 株式価値向上に向けた取組みついて」を元に筆者が作成

元現預金水準やFCFの配分に関して、機関投資家が納得し得る意見を持ち合わせていないということを示唆している。

　日本企業のROEが低いのは収益性の問題である、というのは第1章でも紹介したとおり伊藤レポートでも言及されている。一方で、第2章でも述べたとおり、資本生産性指標を活用にするにあたっては分子の利益のみならず、分母の投下資本をどう考えるかも重要である。これはすなわち、マーケットに対してバランスシートの活用方針、さらにいえば自社が考える最適資本構成についての説明力を高めていくことに他ならない。

2. 資本生産性指標のバランスが表す財務方針

　ROAやROIC、ROEの水準は企業によって異なるが、特に事業特性によってそれぞれの指標の水準は影響を受ける。最近では事業の多角化などもあって、同業他社と同一条件で比較するのは難しくなってきている。ただし、それらの指標の水準が企業によって異なるとしても、中長期的にそれらに対応する資本コストを上回るリターンを上げることは、投資家から資金の提供を受けて事業を展開する株式会社に最低限求められる条件であると考えられる。

　資本生産性指標を活用するに際しては、「資本コストを上回るリターン」に加えて、バランスシートマネジメントの観点からもうひとつ検討すべき事項がある。それは、各資本生産性指標のバランスである。類似性の高い事業を展開する企業であっても、ROA、ROIC、ROEの数値が異なるのは、その企業の財務方針が資本生産性指標のバランスとして表れているからとも言える。

図表5-4　資本生産性指標の関係性

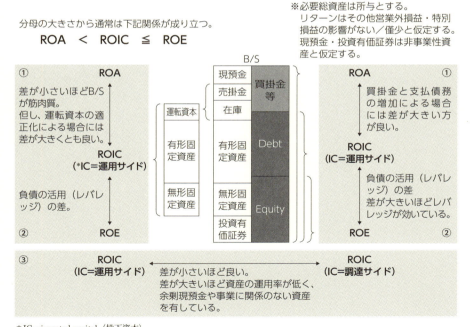

＊IC…invested capital（投下資本）
出典：筆者が作成

分子である利益を所与とすると、分母である投下資本の分母の大きさの関係からROA＜ROIC≦ROEの関係が成り立つのが通常である。また、運用サイド・調達サイドからみたROICは、限りなく等しくなるはずである。(**図表5-4**)

　①と②のROAとROIC（調達・運用両サイド）の差は、通常、差が小さければ小さいほどバランスシートが筋肉質であることを表している。事業と直接関係のない余剰資産が総資産に含まれている場合には、総資産はその分肥大化し、ROAは低下するであろうから、ROICとの差は拡大する。余剰資産の存在を前提とする限りにおいて、総資産と投下資本の差は小さい方が、効率的にバランスシートが活用されていることを表している。

　ただし、ROAとROICの差の拡大が必ずしもバランスシートの効率性の低下を意味しないケースもある。たとえば、CCC（Cash Conversion Cycle）の改善の取り組みなどを通じて運転資本水準が適正化され、買掛金が増加するのがその一例であろう。この場合は、総資産を所与とすると買掛金の増加に伴って有利子負債が減少し、ROICはROAに対して高まるはずである。

　②のROIC（調達・運用両サイド）とROEの差は、レバレッジの差である。有利子負債を多く調達すればするほどレバレッジは高くなる。分子の利益を所与とすると、レバレッジが高くなればなるほどROICに対してROEが高くなるはずである。

　なお、ROICとROEが≦（等符号）になっているのは、バランスシートの調達サイドで見た場合、無借金経営の企業の投下資本は実質自己資本のみとなり、一過性の損益がないと仮定すればROEとROICは一致するためである。

　③のROICの運用サイド・調達サイドとの比較では、差が小さければ小さいほど効率的にバランスシートが活用されていることを意味している。差が大きいということは、自己資本と有利子負債を事業以外の資産に振り向けていることになる。言うならば、投下資本の運用率の高低がバランスシートの両サイドからみたROICの差に直結する、ということである。

　こうした指標のバランスが崩れているということは、バランスシート上に事業との関連性の低い資産が含まれているなどの理由により、効率的にバランスシートが活用されていない可能性があることが考えられる。本節では、いくつかのケースに分けて資本生産性指標のバランスを見ていくことで、バランスシートの活用と資本生産性指標の関係を見ていきたい。

　なお、これらのケースにおいては、議論を単純化するためにどの資本生産性指標を活用する場合でも、分子のリターンは所与とする。

第5章　資本生産性指標とバランスシートマネジメント——最適資本構成の追求

(1) ROIC が ROA に比べて著しく高いケース／ROIC の調達・運用サイドの差異が大きいケース

このようなケースでは、バランスシート上に事業との関連性が希薄な資産が多く含まれている可能性が考えられる。

まず、ROA と ROIC の差について考察する。

ROA の分母は総資産である。ROIC の分母は投下資本（調達サイド：「有利子負債＋自己資本」もしくは運用サイド：「運転資本＋固定資産」）であることは既に述べた。したがって、ROA と ROIC の差は、総資産と投下資本の差と言える。それは言い換えれば、事業と関係のない資産がバランスシートに含まれている可能性を示唆している。

何をもって事業との関連性を定義するかは立場によって異なりうるが、ここでは、機関投資家にとって関心の高い余剰現預金および政策保有株式を非事業資産と考えてみよう。

図表5-5の左図の事例では、バランスシートの運用サイドに非事業資産である余剰現預金と政策保有株式としての投資有価証券が相応に含まれている。一方で、調達サイドを見ると、大部分が自己資本（equity）で構成されていることがわかる。

これは、機関投資家からみれば、余剰現預金や政策保有株式が「資本を喰っている」ように映る。つまり、自己資本が事業と関連性のある資産に適切に振り向けられていないのではないか、と判断される可能性があることを示唆している。

右図は同じバランスシートから「総資産」「投下資本（運用サイド）」「投下資本（調達サイド）」を抽出して比較したものである。「総資産」と「投下資本（運用サイド）」の差は、非事業資産である余剰現預金と投資有価証券であることがわかる。また、投下資本の「運用サイド」と「調達サイド」の差もその分大きくなっているのがわかる。このケースでは、分子を所与とすると、「投下資本（運用サイド）」でみた ROIC は、ROA よりも相対的に高くなりやすい。

投下資本の「運用サイド」と「調達サイド」各々から算出される ROIC も同様である。「運用サイド」は、分母が小さい分 ROIC は高くなるが、「調達サイド」でみれば必ずしも ROIC は高くならない。

このような場合、「運用サイド」からみた ROIC が一見高いからといって資本生産性が高いかといえばそうではない、という結論になる。事業と関係のない資産が多く含まれていることによってバランスシートは実際に肥大化しており、投下資本の「調達サイド」と「運用サイド」の運用率も低い。バランスシートは必

139

図表 5-5　ROA と ROIC の差／ ROIC-調達サイドと運用サイドの差

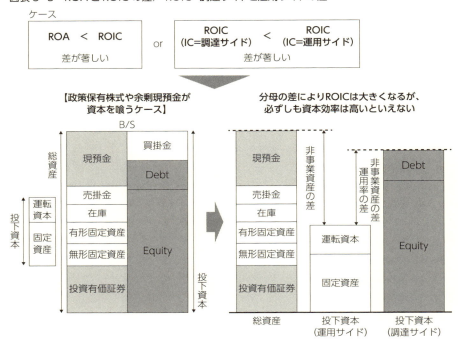

- 政策保有株式や余剰現預金の分だけ分母が大きくなりROAは低下（その他不稼働資産がある場合も同様）。
- ROICは高いが、リターンを上げていない資産が多く結果的に資本生産性は低い。
- 事業と関連性の低い資産が多い場合、投下資本の差がB/Sの運用・調達サイドで開き、結果としてROICの差が拡大する。

出典：筆者が作成

ずしも効率的に運用されているとはいえないであろう。

（2）バランスシートの効率的な活用によってROAとROICの差が拡大するケース

　事業と関係のない余剰資産の存在を前提とした場合、ROAとROICの差は小さい方が良く、それはバランスシートが効率的に活用されていることを意味していると言えるであろう。しかしながら、実際の事業展開のなかでは、バランスシートを効率的に活用する過程でROAとROICの差が拡大しているにもかかわらず、

資本生産性が高まるケースがある。

その代表的な事例が、CCC の改善による運転資本水準の適正化であろう。CCC は、仕入や販売といった営業サイクルにおいて現金を回収できるまでの期間（日数）を表しており、下記算式によって導かれる。

$$CCC = 売上債権回転日数 + 棚卸資産回転日数 - 買入債務回転日数$$

一般論として、運転資本は事業を展開する上で必要な資金であるが、その額は売掛金と在庫の合計から買掛金を控除することによって求められる。多くの企業は短期借入金で必要運転資本を調達している。短期借入金は、投下資本（有利子負債＋自己資本）の一部を構成するから、短期借入金が増加すれば、その分投下資本も増加する。

逆に CCC の改善によって回収時期の早期化を図ったり、支払いサイトを長期化するなどして、運転資本の圧縮を進めるとキャッシュが捻出され、その分有利子負債を必要としなくなる。有利子負債そのものが減少するということは、投下資本の減少を意味している。ROIC 計算式の分母が縮小する分、分子であるリターンが一定であれば、ROIC は上昇することになる。

この場合、総資産を所与とし、買掛金の増加に伴い投下資本が減少したとしても ROA はほとんど変わらない。ROIC の上昇によって ROA との差は広がるが、運転資本の適正化に伴って FCF の創出力も高まっており、この差の拡大はむしろ健全と言えるだろう。このように無利子負債を活用することで、ROIC を高めていくことは、バランスシートを効率的に活用するひとつの手法と言える（**図表 5-6**）。

(3) レバレッジにより ROE と ROIC の差が拡大するケース

ROE と ROIC との間で大きな差が生じるのは、レバレッジの差に起因していることが多い。ここでは、ROE が ROIC に対して著しく高いケースと、その逆のケースを取り上げる。

まず、**図表 5-7** のように、ROE が ROIC に比べて著しく高水準にある場合は、自己資本が小さく、レバレッジが高過ぎる結果として ROE が高水準となっているケースが考えられる。

事業が負っているビジネスリスクに対して適正なレバレッジであれば問題はないが、過小資本の可能性もある。自己資本が小さい分 ROE は高まり易いが、同

図表 5-6　バランスシートの効率的な活用により ROA と ROIC の差が拡大するケース

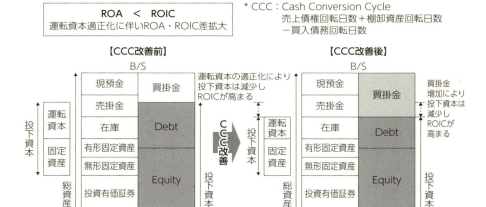

- 買掛金が増加すれば運転資本は圧縮され、借入金も減少する。投下資本はその分圧縮される。
- ROAは大きく変動しないが、ROICは運用/調達サイドともに高まる。
- 運転資本の圧縮により、フリーキャッシュフローの創出力も高まる。

出典：筆者が作成

図表 5-7　ROE が ROIC に対して著しく高水準であるケース

- レバレッジが高過ぎる結果としてROEが高水準となっている可能性がある（ビジネスリスクに対して適正なレバレッジであれば良いが過小資本の可能性もある）。

出典：筆者が作成

時に有利子負債が過大になっているケースもあり、ROICは必ずしも上昇するとは限らない。

過小資本の場合、市場は当該企業の財務リスクが高いと判断し、株主資本コストは上昇するかもしれない。市場から価値破壊と見做されないためには株主資本コストの上昇を補うだけのROEが必要であるが、株主資本コストの上昇はWACCの上昇にも繋がる。ROICもWACCを上回っていなければ価値を創造しているとはいえない。過剰なレバレッジが株主資本コストの上昇要因になっているか否かは別途検証が必要である。

逆に、**図表5-8**のように、ROIC（運用サイド）がROEやROIC（調達サイド）に対して高い水準にある要因として、自己資本が過剰に積み上がっている可能性が考えられる。自己資本が積み上がっている分、ROEは低水準になり易い。

このようなケースでは、バランスシートの運用サイドに余剰現預金が積み上がっているケースが見受けられる。設備投資をさほど必要としない企業やソフトウェア開発などを手掛ける企業に比較的多くみられる傾向である。設備投資が必要とされない分、固定資産は少なく投下資本も低水準に留まる。運用サイドでみたROICは高くなるが、調達サイドでは過剰に自己資本が積み上がっていること

図表5-8　ROIC（運用サイド）がROE、ROIC（調達サイド）に対して著しく高水準であるケース

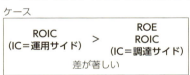

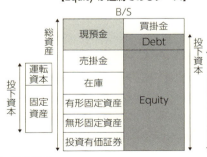

・Equityが過剰である結果としてROEが低水準に留まる。B/S上に余剰現預金が積み上がっているケースが多い。

Equityが大きい分ROE、ROIC（調達サイド）は小さくなる

出典：筆者が作成

から、必ずしも資本生産性が高いとはいえない。

(4) 自社株買いと資本生産性指標

自社株買いは、資本生産性を高めるといった観点で市場から好意的に受け止められやすい。日本経済新聞によれば、2016年1月〜9月の上場企業による自社株買いの実施額は4兆3500億円と過去最高となった。

自社株買いと一言でいっても、その実施方法にはいくつかのパターンがある。自社株買いが資本生産性を高め、企業価値向上に結び付くか否かは、どのような形で自社株買いを実施するかによって異なる。本書では現預金で実施する場合、有利子負債の調達によって実施する場合、リキャップCBを利用する場合の3パターンについて検証する。

①現預金による自社株買い

余剰現預金を自社株買いに充てて自己資本を圧縮する最もシンプルなケースである。

余剰現預金を自社株買いに充てるため、自己資本の圧縮と共に、現預金残高の減少により総資産が圧縮される。総資産、投下資本（調達サイド）、自己資本がそれぞれ圧縮されることにより、対応する資本生産性指標であるROA、ROIC（調達サイド）、ROEも上昇することになる。

自己資本が圧縮される分だけ有利子負債の割合が高まるのでWACCも低下する可能性がある。結果として、ROIC Spreadも高まりやすい。現預金の活用による自社株買いの結果として財務リスクが過度に高まらないことが前提ではあるが、このケースは総じて資本生産性が高まりやすく、企業価値は向上しやすいと考えられる（図表5-9）。

②有利子負債の調達による自社株買い

有利子負債を調達して自社株買いを実施するケースでは、調達した有利子負債に相当する額が自社株買いを通じて自己資本と置き換わる。したがって総資産自体は変わらず、投下資本を構成する有利子負債と自己資本の構成比率が変わる。（調達した有利子負債の使途は、自社株買いのみならず一部を成長投資などに充当するケースも多いが、ここでは議論を単純化するために調達分をすべて自社株買いに充当したと仮定する。）

自己資本が減少することでROEは上昇するが、総資産は変わらないため、ROAは自社株買い前と変わらない。また、投下資本もその内訳である有利子負債と自己資本の構成比が変動しただけであるため、ROICも変わらない。稼ぐ力は本質

第5章 資本生産性指標とバランスシートマネジメント——最適資本構成の追求

図表 5-9 現預金により自社株買いを行うケース

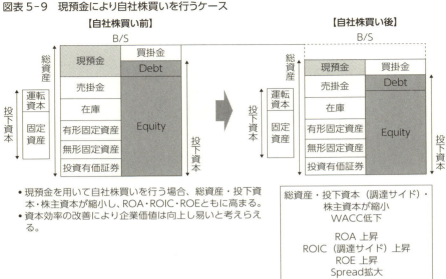

出典：筆者が作成

的に変わっていないなかで、ROEだけが上昇するという点に留意が必要である。

資本コストの切り口でみれば、有利子負債と自己資本が最適資本構成を実現しているか否かが重要である。最適資本構成が実現されているのであればWACCは低下し、ROICとの対比でROIC Spreadは拡大するはずである。有利子負債の調達が過度に財務リスクを高めるのであれば、株主資本コストの上昇に伴ってWACCも上昇するであろうし、また、有利子負債の調達額と自社株買いの規模が最適資本構成の実現に及ばないと判断されれば、WACCはそもそも低下しないであろう。

最適資本構成については後述するが、市場との対話を通じて自社の有利子負債と自己資本の構成比に対する方針と市場との期待が整合していなければ、表向きにはROEが上昇したとしても、資本コストの低下による企業価値向上は実現しないであろう（**図表 5-10**）。

③リキャップCB

リキャップCBは、転換社債型新株予約権付社債（CB）を発行して調達した資

図表 5-10　有利子負債の調達により自社株買いを実施するケース

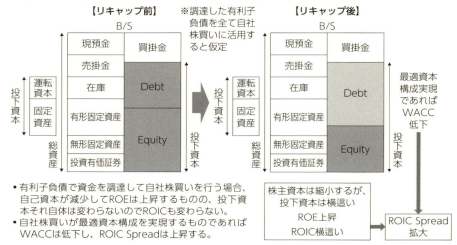

- 有利子負債で資金を調達して自社株買いを行う場合、自己資本が減少してROEは上昇するものの、投下資本それ自体は変わらないのでROICも変わらない。
- 自社株買いが最適資本構成を実現するものであればWACCは低下し、ROIC Spreadは上昇する。

出典：筆者が作成

金を自社株買いに充当する財務手法である。「リキャップ」は recapitalization を短縮したものであり、資本と負債の再構築を意味する。リキャップ CB はすなわち、CB によって資本構成を再構築することを指す。

リキャップ CB はゼロクーポンで発行されるため金利負担がないことと、発行コストそれ自体も僅少であることから、企業側からすれば他の資金調達手段と比較しても発行コストが低く抑えられるといったメリットがある。日本経済新聞の報道によると 2014 年〜 2016 年にかけて約 40 社がリキャップ CB を発行している。

資本生産性の観点でいえば、リキャップ CB の発行と合わせて自社株買いを実施するため、ROE は上昇する。しかしながら、これで資本生産性が本当に改善しているといえるのだろうか。

まず、リキャップ CB を行ったとしても、投下資本である有利子負債と自己資本の内訳が変わるだけで投下資本それ自体に変動はない。リキャップ CB の発行前後で ROIC は変わらず、稼ぐ力が改善している訳ではない。

また、リキャップ CB は、発行時に設定された転換価額を株価が上回れば株式に転換されるという特徴がある。当然のことながら株式に転換されれば自己資本は元の水準に戻ることになる。リキャップ CB 発行当初は上昇した ROE も株式

第5章　資本生産性指標とバランスシートマネジメント——最適資本構成の追求

への転換後は元の水準に戻ってしまう。

　リキャップCBが文字通り資本の再構築を目的としているのであれば、そこには当然目標とすべき資本構成があるはずである。リキャップCBがその目的を達成する上で有用と考えられるのであれば、資本の再構築を通じて最適資本構成が実現し、WACCは低下するはずである。しかしながら、株式への転換リスクの存在を踏まえるとWACCが低下する余地は限られるのではないだろうか。

図表5-11　リキャップCB

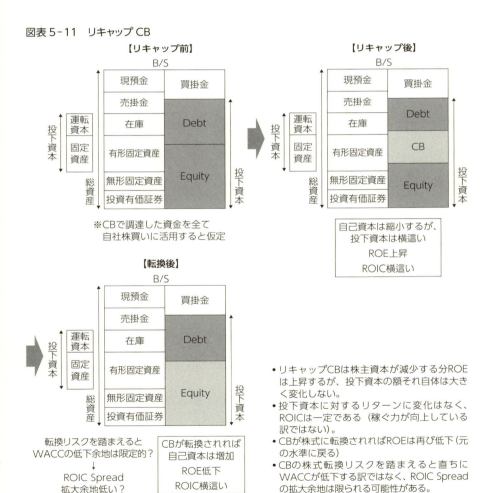

出典：筆者が作成

リキャップCB前後でROICの水準それ自体が変わらないのに加え、WACCの低下余地も限定的なのであれば、リキャップCBを発行したとしてもROIC Spreadは拡大しないことになる。Spreadが拡大しなければ本質的に価値は創造されないことを踏まえると、リキャップCBによって短期的にROEを上げたとしても本質的に資本生産性が高まっているとはいえない。

　もっとも、CBそれ自体は資金調達手段のひとつであり、本来はリキャップのみを目的とするものではない。多くの企業はリキャップCB発行で調達した資金の一部を成長投資に充てており、必ずしも自社株買いのみに資金使途を限定していない。成長投資に充てた部分で中長期的にいかにしてROICを高めていくか、その結果としていかにしてROEを高めていくかが重要であろう。

(5) 資本生産性指標によるバランスシートマネジメントの整理

　以上、様々なパターンを想定してROA、ROIC、ROEの関係性についてみてきた。ROA、ROIC、ROEの関係は、図表5-12のとおりとなる。

　市場の評価を得るためには、それぞれの指標が中長期的に資本コストを上回るリターンを上げる必要があるのはこれまでも述べてきたとおりである。ここで重要なのは、どれかひとつの指標を見ただけでは、資本生産性の改善によって企業価値が向上しているか否かを判断することはできないという点である。ROA、ROIC、ROEのバランスのあり方に、バランスシートや投下資本、資本コストに対する企業の考え・戦略が反映されると言えるであろう。当然ながら、企業の業態や成長ステージによって資本生産性指標のバランスのあり方は異なるが、今後の事業戦略を勘案した場合にバランスシートをどう活用するのか、投下した資本

図表5-12　資本生産性指標の関係性

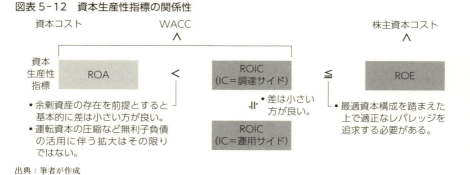

出典：筆者が作成

第5章　資本生産性指標とバランスシートマネジメント──最適資本構成の追求

に対するリターンの水準を資本コストとの対比でどう考えるのかによって、自ずと資本生産性指標のバランスもはっきりしてくるはずである。

　ここで、資本生産性指標の情報開示、特にROICの目標値の開示について触れておきたい。

　確かに財務戦略や財務方針のあり方が資本生産性指標のバランスに表れるのは事実であるが、社内の管理指標として資本生産性指標を活用するのと、それらの目標値などを開示するのとは全くの別問題である。資本生産性指標は、自社の業態とそれらの指標が持つ特徴を踏まえた上で、市場との対話に適した指標であるか否かを慎重に判断することが求められる。

　たとえば、近年目標としてROICを掲げる企業が増えているが、ROICの目標値を製造業が開示するのと、システム開発などが中心の企業が開示するのとでは市場に与えるメッセージは異なる。

　ROICは分子をNOPAT、分母を投下資本とする「率」指標であるが、ROICを高めようとすると、分子であるNOPATを高めるか、分母である投下資本の適正化いずれかの施策に取り組む必要がある。

　図表5-13のケースAのように、製造業など、事業の特性上、運転資本や固定資産の割合が高い企業であれば、それらの回転率を改善するなどして投下資本の額を圧縮する施策が採り易い。たとえば、CCCの改善施策を通じて運転資本水準を適正化し、バランスシートを筋肉質に転換していく、といった施策がそれに該当するであろう。

　一方で、ケースBのようにシステム開発などが中心の事業を展開する企業では、バランスシート上に収益ドライバーとなる資産が相対的に少ない場合がある。そのような企業では、運転資本も固定資産も相対的に少なく、現預金がバランスシートに積み上がっているケースがよく見受けられる。

　こうした企業が経営目標としてROICを開示した場合に、市場はどのような受け止め方をするであろうか。ともに分子であるNOPATを高めるといった期待はある一方で、投下資本をどのようにコントロールしていくのか、といった点にも高い関心が集まるところである。ケースAはバランスシートの改善として運転資本の適正化などが論点となり易いが、ケースBではそもそも事業に活用している資産がバランスシート上には少なく、事業性のある資産の圧縮は市場との対話の論点にはなりにくい。むしろ、事業とは関係のない資産の圧縮が論点となり、余剰現預金水準の圧縮など、株主還元策の強化を連想させやすい。ROICの開示が現預金水準の適正化などを含めたバランスシートマネジメントの実現を意図した

図表5-13　ROIC指標の開示の適性

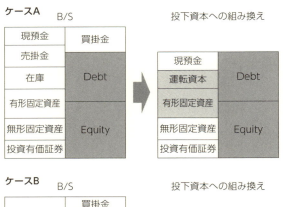

出典：筆者が作成

ものであればよいが、必ずしもそうでない場合にはROICの開示は市場との対話に適していない可能性もある。資本生産性指標の目標値を開示するにあたっては、それぞれの指標がもつ特徴を踏まえ、自社の財務方針に照らして公表に適しているか否かを十分に吟味する必要がある。

3. 最適資本構成追求の実務

　前節では、資本生産性指標のバランスのあり方が企業の財務のあり方や方針を示すと述べた。これは、企業が事業を展開する上で自社の最適資本構成をどう考えているかを示唆している。

　無論、経営陣からすれば、事業は目先のオペレーションだけを重視するのではなく、中長期的な観点から追加投資に耐えうるか、そのためにあとどれくらい有

第5章 資本生産性指標とバランスシートマネジメント——最適資本構成の追求

利子負債で資金を調達することができるかといった観点も重要である。最適資本構成の追求は、中長期的な観点から企業価値を高めていく上で、バランスシートをどのように整えつつ事業を支えていくか、といった取り組みである。

もっとも最適資本構成は、ファイナンス理論上の解はあっても、それを実務に落とし込むのは容易ではない。実務上は、ファイナンス理論の考え方を踏まえた上で、格付戦略や Debt Capacity、将来の投資計画などを総合的に勘案し、自社にとって最適な資本構成のあり方を財務方針として織り込んでいく必要があろう。

(1) ファイナンス理論からみた最適資本構成

最適資本構成をファイナンス理論から説明するものとして、最も認知度が高いものが MM 理論であろう。MM 理論は、米国の経済学者であるフランコ・モディリアーニとマートン・ミラーが 1958 年に提唱した資本構造に関する定理である。

MM 理論が提唱するのは、完全市場下における企業の資金調達は、調達方法の如何にかかわらず企業価値に影響を与えない、というものである。しかしながら、現実的には現在の市場は完全市場ではない。MM 理論が提示したのは、逆説的にいえば、法人税が存在する現実の市場においては、節税効果を考慮すると資本における有利子負債の割合が高くなればなるほど企業価値が高まる、ということである。しかしながら、有利子負債依存度がある水準を超えると、財務上の負荷が高まることにより倒産リスクが上昇することになる。倒産リスクが一定水準を超えると、逆に有利子負債比率の上昇が企業価値の低下を招いてしまう。

換言すれば、MM 理論による最適資本構成は、有利子負債と自己資本には最適な割合が存在し、その割合が実現できた時に資本コスト（WACC）が最小化される、ということである。資本コストが低下すれば、企業価値はその分高まる。一方で、倒産コストが上昇すればその分リスクに対する認識が高まり、資本コストが上昇することによって企業価値の低下を招く。（図表5-14）

事業リスクに対して企業が負っている財務リスクが低いのであれば、理論的にはD/Eレシオを高めることにより企業価値を高めることが可能である。最適資本構成は企業によって一様ではないため自社に適合した割合の模索が重要であるが、現実の世界で理論をそのまま適用するのは困難である。実務においては、理論としての最適資本構成を念頭に、様々な角度から自社の最適資本構成を追求する必要がある。

図表5-14 MM理論による最適資本構成の考え方

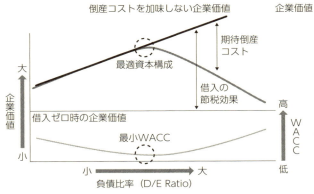

出典:筆者が作成

(2) 最適資本構成追求の実務

自社にとっての最適資本構成を考察する上では、いくつかのアプローチを総合的に考える必要がある。そのアプローチは、①自社の格付とDebt Capacityから試算するアプローチ、②事業リスクに対するバッファーとしてどの程度の自己資本が必要かを試算するアプローチ、③株主や債権者に対するリターンを意識した場合にどの程度の投下資本が適正かを元に試算するアプローチ、に大別される。また、同業他社比較も最適資本構成を検討する切り口となり得る。

①自社の格付とDebt Capacityから試算するアプローチ

このアプローチは、現在の格付を踏まえて事業を継続する上でどこまで有利子負債を増やすことができるか、という観点から最適資本構成を考察する方法である。

この背景には、他人資本で資金を調達する場合、調達可能額は格付によってほぼ決まってしまうという現実がある。よって、企業としては自社の格付を踏まえつつ、今後の事業を展開する上で有利子負債をどこまで活用する予定なのか、そのために格付をどう考えるのか(維持するのか、格下げを許容するのか)、といった方針を策定する必要がある。当然のことながら、格付を取得していない企業はシミュレーションを通じて想定される自社の格付を検討する必要がある。

格付は、自己資本比率やD/Eレシオの水準感で決まってくると考えられがちであるが、格付の付与にあたって何を重視しているかは、当該企業が属する業種特

性によって様々であり、また、自己資本の捉え方は日系と外資系の格付機関でも異なることが多い。

一般論として、格付機関は日系・外資系を問わず、格付付与対象企業の産業リスク、個別企業の事業プロファイル、財務プロファイルをそれぞれ分析した上で総合的に判断するといったメソドロジーを設けている。産業リスクであれば、市場規模や市場の成長性、参入障壁の有無、顧客の安定性などを、また、個別事業のプロファイルであれば、主力商品のマーケットシェアや同業他社対比でみた場合のコスト競争力、事業ポートフォリオの分散度合、技術や研究開発力、財務の方針やガバナンスを精査するであろう。これらは主として定性判断によることが多い。

財務プロファイルは、収益性、レバレッジ（カバレッジ）、安全性、規模の四つの項目について定量的に総合評価する場合が多い。収益性であれば、EBITDAマージンなどが、レバレッジ（カバレッジ）であれば有利子負債/EBITDA倍率などが代表的な指標である（**図表5-15**）。

日系と外資系で格付に対する考え方が異なるのは、主に「安全性」と「規模」に関してである。日系は、自己資本の額や比率を重視するのに対して、外資系は

図表5-15　一般的な格付付与のアプローチ

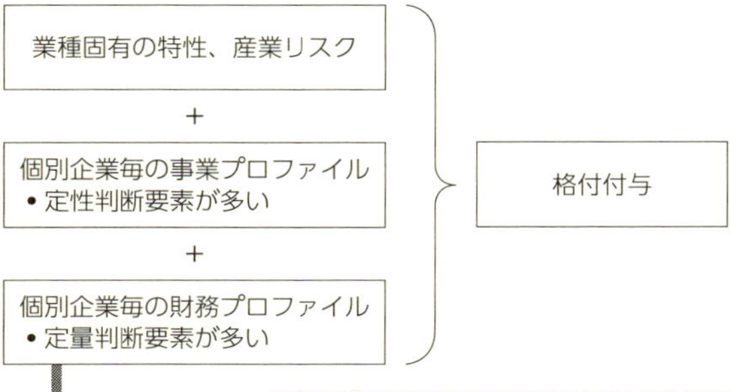

業種固有の特性、産業リスク
＋
個別企業毎の事業プロファイル
・定性判断要素が多い
＋
個別企業毎の財務プロファイル
・定量判断要素が多い

→ 格付付与

	主な格付要因（定量項目）
収益性	EBITDAマージン、ROA　など
レバレッジ	有利子負債/EBITDA倍率、フリーキャッシュフロー／有利子負債倍率（主に外資系）など
安全性	インタレスト・カバレッジ・レシオ、自己資本比率（主に日系）など
規模	自己資本額（主に日系）、営業収益（主に外資系）など

出典：筆者が作成

キャッシュフローを重視しているケースが多い。すなわち日系は、財務の健全性を強く意識しているのに対して、外資系は稼いだFCFによる債務返済能力を重視している、ということである。

無論、外資系機関が財務健全性を意識していない訳ではない。その底流にある考え方として、格付は債券投資家のための指標であり、債券の償還や金利負担を賄うだけのキャッシュフローを持続的に創出できるか否かが重要であり、逆説的にいえば、レバレッジを効かせた経営を行っても、キャッシュフローが創出できている限り、債券の償還は行えるし、金利負担への影響も必ずしも大きくない、という発想があるものと考えられる。また、調達コストの観点からみれば、一般的に自己資本に係るコストは、負債コストに比べて割高であるため、外国の企業は財務戦略上適正なレバレッジをかけることを重視しているといった点も背景にあろう。つまり、格付が投資適格である以上は、債券投資家もレバレッジを高めることを著しいリスクとは見ておらず、格付が投機的な水準になった段階で、定性的に自己資本比率などをアンカー指標として重視する傾向があると考えられる。

このような格付機関の特徴を踏まえ、各機関の格付メソドロジーに基づいて自社の定性・定量情報を当てはめていけば、自社の格付の根拠（未取得であれば推定格付）を想定することができるであろう。また、現状の格付を前提とする場合に自社のDebt Capacityはどの程度であるか（どこまで追加で有利子負債を調達することが可能か）は、格付要因となっている財務指標などから逆算することもできる（図表5-16）。

格下げをどこまで許容するかは経営判断であるが、自社が目標とする格付と、その格付から想定される有利子負債の想定最大調達額（Debt Capacity）が、格付の観点からみた最適資本・負債構成となる。当然のことながら、足元の格付のみならず、今後の事業戦略を踏まえた格付の推計が必要であることは言うまでもないであろう。

なお、格付のメソドロジーは詳細には公表されていない。よって、そのメソドロジーの解明には同業他社の格付取得状況などを踏まえた分析が必要であることも付言したい。

②事業リスクに対するバッファーとして必要自己資本を試算するアプローチ

このアプローチは、現状の事業を支える上で、最低どれくらいの自己資本が必要かを考える方法である。換言すれば、最低必要自己資本の水準を追求する方法とも言える。

ここでポイントとなるのは、「事業を支える」をどう考えるかである。財務的な

第5章 資本生産性指標とバランスシートマネジメント――最適資本構成の追求

図表5-16 Debt Capacity のシミュレーション(イメージ)

格付要因(財務指標)の
シミュレーション

定量面のみを見た場合の
格付の変動状況

Debt Capacity (億円)	金利水準		
	1.10% 格付A 適用	1.35% 格付BBB 適用	1.85%〜 格付BB 適用
1,000	A		
2,000	A		
3,000	A−		
4,000	A−		
5,000		BBB+	
6,000		BBB+	
7,000		BBB	
8,000		BBB−	
9,000		BBB−	
10,000			BB

定性判断を反映
有利子負債増加に伴う財務方針の悪化

定性判断を反映させた場合の
格付の変動状況

Debt Capacity (億円)	金利水準		
	1.10% 格付A 適用	1.35% 格付BBB 適用	1.85%〜 格付BB 適用
1,000	A		
2,000	A		
3,000	A−		
4,000	A−		
5,000		BBB+	
6,000		BBB	
7,000		BBB−	
8,000			BB+
9,000			BB
10,000			BB

出典：筆者が作成

見地からいえば、事業はバランスシートの資産の活用によって展開されるものであるから、「現況のビジネスを展開する上でバランスシートが負う可能性のあるリスクに対してどれだけのバッファーが必要か」という観点から最低必要自己資本を捉えるのがよい。

これを検証するため簡便的な指標として活用されるのが固定長期適合率である。固定長期適合率は固定資産を長期有利子負債と自己資本といった長期資金でどれだけカバーされているかを表す指標であり、通常は100％を下回っているのがよいとされる。特に固定長期適合率は、設備負担の高い事業を展開する企業において有効な指標であろう。

しかしながら、固定長期適合率は、固定資産を長期資金で賄えているか否かを見るのが目的であり、固定資産の内訳や長期資金を構成する長期有利子負債と自己資本の構成比までをみる指標ではない。より詳細に検証するためには、バランスシートを毀損し得る最大リスクを見積もった上で、必要な自己資本の水準を試算することが求められる。

バランスシートの毀損をもたらすであろうリスクには様々なものがある。近年、バランスシートを大きく毀損する可能性のあるリスクは事業の業績（見通し）悪化に伴う減損リスクであろう。減損の対象となる資産は、のれんに加え、有形固定資産やその他の無形固定資産などがある。それらの資産から生じうる最大の減

図表5-17 事業リスクを踏まえた最低必要自己資本

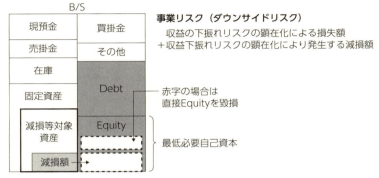

出典：筆者が作成

損リスクをカバーし得る自己資本を最低必要自己資本とするのがこのアプローチである。

実際に減損リスクが顕在化する時点では、事業が相当悪化していることが想定される。当然、事業が赤字に転落しているのであれば、当期純損失それ自体が自己資本を直接毀損する要因となり得る。したがって、自己資本の毀損は実際の減損損失以上になる点に留意が必要である。

つまり、企業が念頭に置くべき事業リスクは、「業績下振れリスクの顕在化による損失額＋業績下振れリスクの顕在化による減損損失」と定義することができる。業績の下振れリスクをどこまで織り込むかは過去の経験則や測定モデルの活用を踏まえた経営判断によるところが大きいが、実際に少なくとも事業リスクが顕在化した後でも当面は事業を継続することができる程度の自己資本が確保されているのが望ましい（図表5-17）。

なお、減損対象となる資産のみならず、売掛金の未回収リスクや棚卸資産の評価減のリスク、外貨建て資産に係る為替リスクなど、バランスシートに起因するその他のリスクをどこまで勘案するかという議論もあるが、これらは企業や産業に固有の状況に応じて対応する必要がある。

③投資家の期待収益率から逆算するアプローチ

このアプローチは、現状のビジネスを踏まえた場合に、株主や債権者を満足させることができる収益を上げるにはどの程度の投下資本が適切かを考える方法である。

第5章　資本生産性指標とバランスシートマネジメント——最適資本構成の追求

　これは、現状の収益力を踏まえた場合、債権者および株主からみて最大必要投下資本（有利子負債＋自己資本）はどの程度か、株主からみて最大必要自己資本の水準はどの程度か、という観点で最適資本構成を捉えようとするものである。
　このアプローチは、主にふたつのステップを経る必要がある。
　まず、現状の収益力（NOPAT）を所与とした場合に、株主と債権者の期待ROICから逆算した最大必要投下資本（有利子負債＋自己資本）は幾らか、を算出する。たとえば、NOPATが1,000億円、期待ROICが5％とすると、最大必要投下資本は20,000億円になる。期待ROICは、株主資本コストと負債コストを加重平均したWACCを使用する。

　　NOPAT：1,000億円 － ①
　　期待ROIC（WACC）：5％ － ②
　　最大必要投下資本：20,000億円 － ③ ＝ ① ÷ ②

　次に、算出された最大必要投下資本を所与とし、現状の収益力（当期純利益）を前提とした場合に、株主が要求する期待ROEから逆算した最低必要自己資本は幾らかを算出する。当期純利益が800億円、期待ROEが10％とすると、最大必要自己資本は8,000億円になる。期待ROEは、株主資本コストを代用する。

　　当期純利益：800億円 － ④
　　期待ROE（株主資本コスト）：10％ － ⑤
　　最大必要自己資本　8,000億円 － ⑥ ＝ ④ ÷ ⑤

　ここで算出された最大必要投下資本20,000億円と最大必要自己資本8,000億円の差額12,000億円が有利子負債の必要調達額となる。このアプローチは、現状の収益力と株主・債権者の期待リターンをベースに算出する最適資本構成の水準感と言える。

④最適資本構成追求の整理
　以上、3つのアプローチをみてきたが、それぞれに長所と短所があり、どれかひとつのアプローチをとればよいというものではない。
　上記①の自社の格付とDebt Capacityから試算するアプローチは、日系格付機関を念頭に置いた場合、高格付を取得している企業が現状維持を目標とすると、自己資本比率を高いまま維持しようとするインセンティブが働きやすいという特

徴がある。自己資本比率が高いということは、資本生産性の観点からは Equity Spread を毀損する可能性がある。

②の事業リスクに対するバッファーとして必要自己資本を試算するアプローチは、事業リスクに対して最低限必要な自己資本水準を考察するものであるが、リスクを過度に保守的に見積り過ぎると自己資本は過剰になり易いという特徴がある。そうなると、資本生産性の観点からは株主の期待と整合しなくなる可能性がある。また、このアプローチは、必要な自己資本水準についての指針を示しているにすぎず、直接的に有利子負債の規模感を考慮している訳ではない。

③の株主・債権者の期待収益率から逆算するアプローチは、期待リターンを過度に意識しすぎると、資本生産性の観点からは投下資本（有利子負債＋自己資本）は小さい方がよく、自己資本をなるべく低水準に抑えようというインセンティブが働きやすいという特徴がある。当然、過小資本になれば財務リスクが顕在化するため、このアプローチに則ると自動的に最適資本構成が実現されるというものではない。また、根本的な問題ではあるものの、自社で算定した期待 ROIC や期待 ROE が債権者や株主の期待と整合しているか否か、といった問題もある。

また、詳細には考察はしなかったものの、同業他社をベンチマークとして最適資本構成を決定しようとするアプローチにもリスクが伴う。あるべき最適資本構成は業種によって異なるはずであるが、近年事業の複雑化に伴って同一条件で比較できる企業はそもそも少ない。また、同業他社のバランスシートが最適という保証もない。事業ポートフォリオを大きく転換し、たとえば異業種へ進出する際には類似業種のバランスシート構造を参考にする価値は大いにあるが、これだけでは最適資本構成の実現は困難であろう。

では、最適資本構成の追求はどのようなアプローチが最も妥当なのか。前述のとおり、有利子負債の調達額や調達コストが格付によって左右されるという現実があることを踏まえると、①の格付アプローチをベースに検討するのが実務的ではないだろうか。

格付メソドロジーを活用することにより、自社が目標とする格付と Debt Capacity を算出し、それらをベースに事業リスクに対して自己資本は適切な水準にあるか否か、債権者や株主の期待リターンに対して投下資本の水準感は適切か否かを見ていく。その過程で同業他社の状況を参考にするのもよいであろう。格付の要素をベースに、事業リスクや株主・債権者の期待リターンとのバランスを図ることで最適資本構成を追求するのである。

資本構成は短期で調整できるものではなく、中長期で取り組むことが必要であ

図表 5-18　最適資本構成の考え方

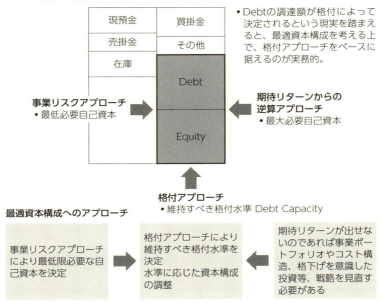

出典：筆者が作成

る。企業はこれらの要素を総合的に勘案したうえで、最適資本構成についての方針を打ち出し、中期経営計画と整合する形でその実現を達成することが求められる。また、前述した手元現預金の水準に関しても、最適資本構成をベースとして、たとえば格付を維持する前提であれば現状の収益力などからして中長期的にどの程度株主還元に回することができるか、といった検討も可能になるだろう。これらの取組みが資本の活用に対する投資家への説明力の強化にもつながっていくであろう（**図表 5-18**）。

第6章

投資家との対話と企業価値に関する説明力の強化

1. 投資家との対話の効能と資本生産性

　マーケットから資本を調達して事業を運営している以上、資本生産性の本質は、資本提供者である債権者や株主の期待収益率を上回るリターンの創出であることは既に述べたとおりである。リターンの創出には、ROICツリーなどを活用した適切なKPIの設定による事業改革のみならず、最適資本構成を意識した財務戦略の立案も不可欠である。

　近年とりわけ重要視されているのが、こうした取り組みについてマーケットを構成する様々な投資家との対話を持つことである。コーポレートガバナンス・コードは、第5章で「株主との対話」と題した章を独立して設けるほどに企業と株主／投資家との対話を重視している。

　では、投資家との対話と企業価値向上は一体どのような関係にあるのだろうか。また、投資家との対話と資本生産性はどう関連付ければよいのだろうか。

　英国の長期投資家である Hermes はその "Corporate Governance Principles" において、対話の効果について次のように述べている。

"A high standard of transparency and accountability gives shareholders more comfort in holding shares in the long term and <u>ultimately helps to reduce that company's cost of capital</u> in an increasing competitive global market." （高い水準の透明性と説明責任は、株主が株式を長期保有する上で安心感を与え、ひいては、競争が激化しているグローバルな市場において<u>資本コストの低減に寄与する</u>。下線は筆者）

　着目すべきは、投資家自身が対話の究極の目的は「資本コストの低減」であると表明している点であろう。投資家にとっての企業価値のベースは、「FCFの割引現在価値」であるが、資本コストはDCF法における割引率である。つまり、資本コストが低減し、割引率が低下することにより、DCF法で表される企業価値は向上することになる。すなわち、投資家によるリスク評価が改善して、株価のボラティリティが安定すれば、所与のFCFの下では、企業価値が向上することを示唆している。

　資本コストは投下資本に係るコストであるから、資本コストが下がればその分スプレッドが増加する。つまり、ROEであれば、株主資本コストの低減を通じて equity spread が拡大するであろうし、ROICであればWACCの低減を通じて

ROIC spread が拡大する。EVA であればそれ自体が増加するであろう。

コーポレートガバナンス改革において、投資家との対話と資本生産性の改善が併せて議論されるのは、まさにこの点を念頭に置いてのことであり、逆説的にいえば、資本生産性の議論は利益の改善のみならず、投下資本のマネジメントとそれら投下資本に要する資本コストの低減を対象としている。

2. 長期投資家が求める本質的な対話

長期的視点で投資を行うグローバルな投資家は、日本企業にどのような対話を求めているのだろうか。対話の論点は企業ごとに異なるため、すべてのトピックスを本書でカバーするのは困難であるが、外資系・日系すべての機関投資家が一般的に日本企業に対して指摘する点について整理したい。

その前にまず、一般的に投資家が指摘する「IR/SR（Shareholder Relations）が悪い企業」というのはどのような企業か。機関投資家にヒアリングを実施したところ、下記の指摘があった。

〈IR/SR が悪い企業〉
- IR の対応が悪く、積極的に取材に応じてくれない。
- マネジメントとのディスカッションの機会がなく、経営の方向性が見えない。
- 開示セグメントの変更が多く、情報発信の継続性がみられない。
- 業績サプライズの頻度が相対的に高く、開示・IR 体制に問題がある。
- 決算説明会以外に投資家とマネジメントが接触する機会がない。
- ウェブサイトに必要な情報がタイムリーに掲載されない（説明会資料、業績の過去データなど）。
- 株主総会の議案説明が開催直前で対処のしようがない。
- 資料が英訳されていない。

これらの指摘は一般的な活動としての IR/SR に関する指摘であるが、ここ数年日本企業による IR/SR 活動が積極化してきたことにより、このような指摘は全体としては減少してきた印象がある。

情報開示だけに言及すれば、日本はむしろ情報開示大国という見方もできる。コーポレートガバナンス・コードによる要請を待つまでもなく、多くの日本企業は中期経営計画を開示している。向こう 3 年～ 5 年の計画の内容として P/L の

トップラインからボトムラインまで各段階利益の目標値を開示しているケースも少なくない。また、ウォーターフォールチャートを活用した目標値の増減分析まで丁寧に開示している企業もある。統合報告書などの任意の開示媒体にも日本企業は積極的に取り組んでいる。KPMGの調査によれば、2016年で279社が統合報告書を作成している上、多くの企業が今後新たに作成する予定がある、としている。

これに対して欧米ではどうか。中期経営計画それ自体を開示していない企業が圧倒的に多い。中期経営計画を開示するとそれ自体が株主に対するコミットメントになり、逆に経営の手足を縛られてしまうと考える経営者が多い。そのような「コミットメントの罠」に陥り、経営の自由度が奪われるのを回避する観点からも、日本企業が公表しているような中期経営計画を開示する欧米企業は稀である。どちらかといえば、中長期の経営の方向性や年度ごとのガイダンスを示したり、中長期の目標と毎期の実績を示したりすることで株主から支持を得ようという発想が強い。

つまり、日本企業は、相当積極的に情報開示に取り組んでいる、と言うことができる。ただし、これはあくまでも「活動としてのIR/SR」の側面にフォーカスした場合と言えるだろう。

では、長期的な視点で投資を考える投資家は、日本企業による投資家との対話についてどう考えているのか。下記は長期投資家といわれる機関投資家が指摘する日本企業の対話の質に関する問題点である（筆者によるヒアリングベース）。

〈対話の質に関する問題点〉
- Equity costの認識が希薄である。
- 増資が必要でない企業ほど増資を行う傾向がある。
- 自社株買い、M&Aともに高値掴みのケースが多い。
- 事業ポートフォリオの入れ替えについて十分な説明がない。
- 投下資本に対するリターンの意識が希薄である。
- バランスシートの活用方針が明確でない。
- 自己資本の適正水準についての意見がない。
- バランスシートに現預金が積み上がっているが、今後の活用方針についての説得力ある説明がない。
- FCFに対する認識が希薄である。
- 株主還元方針が横並びでFCF配分の意思が見えない。

- 自社が対処すべきリスクとガバナンス体制との関連性について明確な説明がない。
- ガバナンス体制（社外取締役増加など）とリターンとの因果関係について説明がない。

これらをみると、長期投資家が指摘するポイントは、リターンとリスクに関するものが中心であることがわかる。リターンとは、資本コストを上回るスプレッドを確保することである。リスクが高まれば、資本コストの上昇を通じて確保できるはずのスプレッドは縮小し、価値破壊を招いてしまう。つまり、長期投資家が日本企業に求める対話の本質とは、資本生産性の向上に関するトピックスである。資本生産性に関する議論は、単にROEの目標値を開示することではなく、ROE計算式の分子を構成する利益の中長期的な成長と、分母である事業を支えるバランスシートの活用方針を意味する。資本コストを軸に事業戦略・財務戦略を策定し、それを投資家と共有してこそ本質的な対話が進展するといえよう。

3. リスク管理としてのESG

ここでESGについても簡単に触れておきたい。GPIFが国連PRI（Principles of Responsible Investment—責任投資原則）に署名してからというもの、日本株運用の現場や投資家との対話においても、にわかにESGにスポットライトが当たるようになってきた。

E（Environment）・S（Social）・G（Governance）は、文字通り環境・社会・ガバナンスを表すものであるが、GPIFのような長期投資家がなぜESGを重視するのか、ESGと資本生産性は関係があるのか否か、といった点は明らかにしておくべき問題である。

CFA Institute（Charterd Financial Analyst—米国公認証券アナリスト協会）の調査によれば、その63％はリスク管理としてESGを見ているとの回答であった（図表6-1）。

この背景には、過度なリターンの追求に対する機関投資家側の反省と、複雑さと不安定さを増す事業環境の変化がある。

株式運用の世界において、ESGは決して新しい話ではない。EやSの問題は、1990年代の社会的責任投資の時代から取り上げられてきた課題である。Gに関しても、議決権行使との観点から、社外取締役の独立性や導入について長年議論さ

図表6-1 投資判断においてESGを考慮する理由

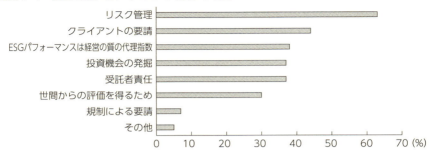

出典：CFA Institute, "Environmental, Social and Governance Survey, June 2015 を元に筆者が作成。

れてきた。

　一方で、運用の最大の目的は、受託者責任を果たすなかで顧客であるアセットオーナーに資産価値の向上をもたらすことである。パフォーマンスの追求は、機関投資家にとって最重要課題である。そのような最中の2008年に金融危機が発生し、多くの投資家が多大な損失を被った。金融危機それ自体は、ベアスターンズやリーマンブラザーズの破たんが引き金となったが、機関投資家側には、企業価値向上の持続性を評価するためのモニタリングが自分たちに欠如していたのではないかといった危機意識の高まりがみられた。特に英国では、金融危機がひとつの契機となってスチュワードシップ・コードの制定につながった側面があるが、運用においてはリスク管理強化の観点からESG課題を捉え、企業価値向上の持続性をより厳密に評価すべく、投資判断プロセスの高度化とエンゲージメントの強化への取組みを強化する契機となったものと推察される。(**図表6-2**)

　また、激変する近年の事業環境も、こうした取り組みを促進した。環境リスクや労使関係など、EやSに起因するリスクの発生が著しく企業価値を毀損するケースが増加している。事業のボラティリティが高まる分、FCFの予測も難易度が高まっている。FCFの予測が困難とあっては、企業価値向上の持続性それ自体も困難となる可能性がある。企業がEとSに起因するリスクにどう対応しているか、ひいては、事業全体に及ぶ可能性があるリスクに対してガバナンス面からどう対処するか、といったGの観点からも不確実性を排除していく必要がある。

　不確実性が高まると株価のボラティリティが高まり、結果として、資本コストが上昇することとなる。資本コストはDCF法における割引率と同義であるから、その上昇は企業価値を毀損させる。資本生産性の観点からすれば、資本コストの

図表6-2 ESGを投資判断のプロセスに折り込むようになった系譜

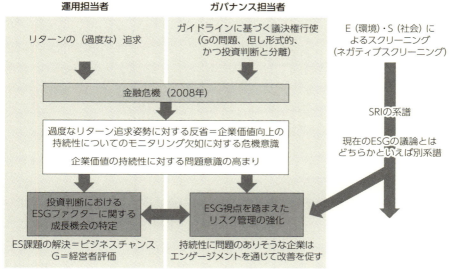

出典:筆者が作成

上昇は、equity spread や ROIC spread を縮小させ、価値を破壊する。このように、ESG と資本生産性は資本コストを通じて同期化することができる。

もちろん、リスクとリターンは裏表の関係にあり、ESG の機会の側面を捉えて投資判断を高度化する動きもみられる。しかしながら、資本生産性との関連性でいえば、ESG をリスクファクターとして捉えることで、その重要性がよりイメージしやすいものとなるであろう。

4. 本質的な対話と株主資本コストの低減

本質的な対話の進展が、どのような形で株主資本コストの低減に寄与するのか。情報開示の拡充や対話の促進、ESG ファクターが株主資本コストを低減させると分析した学術論文はいくつか存在する。本書は実証研究を目的とするものではないため、ここでは実務の観点から、マーケットから観測されるデータや機関投資家の投資判断プロセスを考察することにより、対話の進展によって株主資本コストが低減するということをなるべく平易に示したい。

(1) マーケットから観測される株主資本コストの低減効果

　株主資本コスト／株主の期待収益率の算定方法にはいくつかの手法があるが、最も一般的なのはCAPMである。CAPMによれば、株主資本コストは無リスク資産から期待されるリターンとしてのリスクフリーレートにβ値とリスクプレミアムを乗じたものを加算することにより算出される（リスクフリーレート＋β値×リスクプレミアム）。

　β値は個別銘柄のボラティリティ（変動性）を指数化したものであるから、株価のボラティリティが高まり、β値が上昇すれば株主資本コストは上昇するし、逆に株価のボラティリティが小さくなり、β値が低下すれば株主資本コストも低減する。換言すれば、株主資本コストの低減は、株価のボラティリティを抑える＝β値を低下させることと同義である。

　図表6-3は、IR優良企業賞と東証1部銘柄の株価リターンのブレを指数化したものである。リターンのブレは、決算期末から過去60か月の月次リターンの標準偏差によって計算しており、標準偏差が大きければその分ブレが大きいことを表している。

　IR優良企業賞は、積極的にIRに取り組んでいる企業を表彰し、日本企業のIRに対する意欲を高めることを目的として、日本IR協議会が1996年に始めた表彰制度である。IR優良企業賞を受賞する企業は経営者のIRに対する意識が高く、ベストプラクティスにふさわしい企業とされる。IR優良企業賞の選出には、セルサイドアナリストのみならず、バイサイドアナリストも参画している。IR活動の巧拙ももちろんであるが、経営者の株主に対する姿勢なども評価対象となっている。

　図表6-3で明らかなとおり、IR優良企業賞受賞企業の投資リターンのブレは東証1部全体と比較して相対的に変動が小さいことが分かる。リターンのブレが小さいことは、株価の変動性が低いことと同義である。つまり、リスクフリーレートとリスクプレミアムを所与とした場合、投資リターンブレの小ささは、β値の安定化を通じて株主資本コストの低減に寄与するはずである。β値は、産業特性や企業が抱えている固有の事業リスクによって水準感が異なることから、絶対値での単純な比較だけをもって株主資本コストの高低を論じることはできないが、IR優良企業の方が東証1部企業全体に比べて相対的に株価の変動性が小さい、すなわち、株主資本コストの水準も相対的に低い、ということはイメージしやすいのではないだろうか。

　また、**図表6-4**は、2005年を1.0として株価の回復度合いを指数化したもの

図表 6-3 株価リターンのブレ

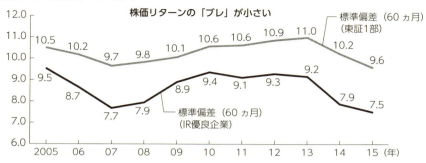

注1：データはQUICKから取得。
注2：東証1部：2016年3月15日現在に東京証券取引所市場第1部に上場する銘柄を構成分母とする。
　　　IR優良企業：2013年度、2014年度、2015年度の優良企業大賞、優良企業賞を受賞した全19銘柄で構成。
注3：株式リターンの標準偏差は決算月末から過去60ヵ月の月次リターンの標準偏差である。標準偏差が低ければ低いほど株価変動リスクが小さいことを示している。
出典：日本IR協議会「IRの基本と課題」より引用。図表は一部筆者が再構成。

である。投資リターンのブレと同様に、IR優良企業賞受賞企業と東証1部企業全体を比較している。2007年～2008年の金融危機を受けて双方とも株価は大きく下げているが、IR優良企業賞受賞企業の方が株価の回復度合いが相対的に早いことが見て取れる。

株価、すなわち、株主価値のベースはDCF法や残余利益モデルなどによって算出される。FCFや残余利益の現在価値の総和を算出するこれらのモデルでは、割引率が低い分だけ価値は高く算出される。割引率は、WACCや株主資本コストでもあるから、資本コストが低ければ低いほど価値は増加する。

図表6-4は、IR優良企業賞受賞企業の方が東証1部企業全体との比較では相対的に株主資本コストが低く、企業価値が株価に反映されやすい、ということを示唆している。金融危機のような未曾有の事象が発生した際には市場全体からリスク資産が逃避するため株価は一斉に下落するが、資本コストがそもそも低い企業は相対的に株価も下落しにくく、業績回復局面では、上昇しやすいという特徴があると言えるだろう。

IR優良企業賞受賞企業は、投資家との対話を通じて自社のリスク顕在化の低減や経営に対する信任を高めた結果として、株価のボラティリティが抑制され、β値が低下し、株主資本コストが低減しているものと考察される。その結果として、東証1部企業全体と比較すると、総じて企業価値が株価に適切に反映され易くなっていると考えられる。したがって、金融危機時のように一斉に株価が下落す

図表 6-4 株価回復速度

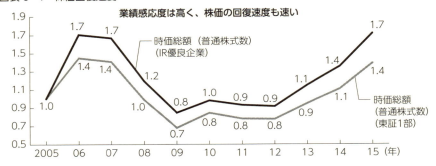

注1：データはQUICKから取得。
注2：東証1部：2016年3月15日現在に東京証券取引所市場第1部に上場する銘柄を構成分母とする。
　　IR優良企業：2013年度、2014年度、2015年度に優良企業大賞、優良企業賞を受賞した全19銘柄で構成。
注3：株式時価総額は、2005年度末の平均値を1とした場合の各年度末の値の推移を示している。
出典：日本IR協議会「IRの基本と課題」より引用。図表は一部筆者が再構成。

る局面においてもIR優良企業賞受賞企業の株価は相対的に下方硬直性が強く、株価回復局面においては東証1部企業全体を上回る傾向がある、ということが見てとれる。

(2) 投資家の投資判断プロセスにおける割引率の調整

長期投資家と話していると、「対話の結果として割引率を引き下げる」といった表現を耳にすることがある。「割引率を引き下げる」とは具体的にどのようなプロセスをいうのであろうか。

資本コストは、投資家が当該企業のリスクに応じて求める期待収益率であるが、それはDCF法などで使用する割引率と同一である。つまり、「対話の結果として割引率を引き下げる」の真意は、「対話の効果によって投資に際してのリスクが低下したので、資本コスト（期待収益率）を引き下げて、その分企業価値を高く評価しよう」ということと同義である。

ここではPERを使用して、そのプロセスを説明したい。第1章でも述べたとおり、DCF法で算出される企業価値と、PERといったマルチプルで求められる適正株価は本質的には同じである。

一般的によく見られる適正株価の算出方法は、予想EPS（1株当たり利益）に業種平均のPERを乗じて算出するというものである。**図表6-5**はイメージであるが、たとえば予想EPSが100円で、同様他社A社〜F社の平均PERが20倍

第6章 投資家との対話と企業価値に関する説明力の強化

図表6-5 IRプレミアムの付与と割引率の調整

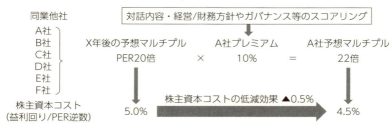

出典:筆者が作成

であれば、適正株価は2,000円(100円×PER20倍)である。

ここで、当該企業と対話を持った結果として企業価値を切り上げると判断した場合(株価を高く評価すると判断した場合)、PERにプレミアムを加味することで適正株価は高く評価される。図表は例であるが、たとえばこの投資家が10%のプレミアムを加味すると判断した場合、PERは22倍(20倍×10%)となり、適正株価は2,200円と評価されることになる。

このケースでは、予想EPSに変更はない。よって、予想される企業の収益力に変化はないが、PERにプレミアムが加味されることで株価の評価は高まったことになる。仮にこの企業の発行済株式数が1億株だとすると、時価総額は2,000億円から2,200億円となり、200億もの価値が価格に反映されたことになる。

PERの逆数は株主資本コストと実質的に同じである(厳密にはPERの逆数はr-g。第1章参照)。このケースでは、株主資本コストが5%であったところ、プレミアムが10%加味されたことにより4.5%に低下したということである。

企業側からすれば、投資家との対話の効果はまさにプレミアムを獲得すること、すなわち資本コストを引き下げることである。上述した資本コストを意識した財務戦略やバランスシートの活用に関する長期方針、リターンに対する意識、ESGを含むリスクへの対応が一体となったストーリーがマーケットに伝わることで投資家の企業に対するリスク評価が改善し、プレミアムの獲得を通じて資本コストが低下し、企業価値評価を増大させる。もちろん、1社の投資家だけがこのように評価しただけでは効果は限定的かもしれない。しかしながら、同様にプレミアムを付す投資家が増加すれば、その分、株価にも企業価値が適正に反映されるはずである。

機関投資家が実際にプレミアムを付すメソドロジーは様々である。独自のモデ

ルを構築、計量化した上でプレミアムを付すケースもあれば、定性判断をもってプレミアムを付すケースもある。本書ではPERをベースとした事例を紹介したが、DCF法に用いる割引率を直接調整する場合もある。いずれにせよ、投資する上でのリスクの低減がプレミアムの獲得をもたらすのである。

本質的な対話が進まずに投資家によるリスク評価が悪化すれば、ディスカウントプレミアムが付されることになる。資本コストを意識せずにP/L中心の経営を行い、バランスシートもコントロールができずに、FCFや積み上がった現預金の配分方針もない。経営は安定株主に守られ、改革の意識はうかがえない――そのような企業に対するリスクの評価は相対的に高まり、適正株価評価においてディスカウントプレミアムが発生して企業価値は毀損するであろう。

そもそも株主資本コストを意識できていなければ、資本コストを引き下げるといった議論も成り立たない。資本コストを意識した経営は、経営管理の高度化と対話の進化をもたらし、自社の企業価値評価に大きく影響するのである。

5.「経営企画部門化」するIRO(Investor Relations Officer)の役割

対話の高度化が進むグローバル企業において、対話の窓口になるIRO（Investor Relations Officer）の役割はどのように変化してきているのだろうか。本節では、米国の傾向をみながら、今後IROに求められる役割とその背景について考察したい。

(1) IROが果たす役割の高度化

Korn Ferry社とNIRI（Nation Investor Relations Institute）が共同で実施した調査によれば、米国におけるIROの役割には明らかな変化がみられる。

まず、IROのバックグラウンドについてみてみたい。図表6-6にあるように、米国のIROは、コーポレートファイナンスや会計のバックグラウンドを有する人材が多いことがわかるが、ここで注目したいのが、バイサイド/セルサイドアナリスト出身者の割合である。2014年時点では22％を占めるまでに至っているが、2012年の調査時点では15％に過ぎず、この2年間で大きく増加していることがわかる。

全体的な傾向でみれば、69％がファイナンス、機関投資家（セルサイド含む）、会計、投資銀行出身者で占められていることになる。日本IR協議会が実施した「IR活動の実態調査（2014年度）」によれば、社外からIR担当者を採用した実績

図表 6-6　米国 IRO のバックグラウンド

出典：Korn Ferry Institute, "Investor Relations Officers – The 2014/15 survey of IR leaders in Fortune 500". を元に筆者が作成。

図表 6-7　IRO のレポーティングライン（%）

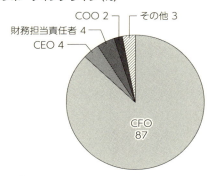

出典：Korn Ferry Institute, "Investor Relations Officers – The 2014/15 survey of IR leaders in Fortune 500". を元に筆者が作成。

のある日本企業は19.1％にすぎず、そのうちの55.6％が事業会社出身者であることと比べると、米国と日本ではIROの人員構成は大きく異なる。

　次にレポーティングラインである。同じ調査によれば、91％のIROがCEO・CFOに直接レポーティングしている。近年同様の傾向は日本企業でもみられるが、IROはもはやCEO・CFOの直轄機能と言える（**図表6-7**）。

　最も注目したいのが、IROが果たす役割である。同じ調査によれば、69％のIROがIR専属である一方で、残りの31％の役割は、従来のIROの役割から大きく変化している。**図表6-8**にあるように、IROは従来のIR活動に加えて、Financial

図表6-8　IROが果たす役割（IR業務以外）

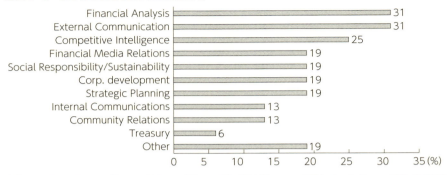

出典：Korn Ferry Institute, "Investor Relations Officers – The 2014/15 survey of IR leaders in Fortune 500". を元に筆者が作成。

Analysis（財務分析）、Competitive Intelligence（競合情報分析）、Corporate Development（経営企画）、Strategic Planning（戦略立案）などを担っている。

　Financial Analysis、Competitive Intelligenceなどは、日本では経営企画部門や財務部門が担うケースが多いが、米国ではIROが実施している。これは、投資家対応や情報開示の役割を担う従来のIR活動の域を大きく超えていると言えるであろう。

　この背景にはふたつの要因が考えられる。

　ひとつはマーケットのボラティリティの高まりである。現在の株式相場は、様々な要因で乱高下する傾向がある。株価のボラティリティの高まりは、β値の上昇を通じて資本コストを引き上げる要因となり得る。対話の本質的な目的が資本コストの低減であることを踏まえると、よりマーケット目線で対話をもつことが重要であり、その意味で機関投資家出身者やファイナンスのバックグラウンドを有する人物をIRO担当者に据えるのは合理的と考えられる。

　ふたつめの要因は、特に米国で顕著なアクティビストへの対応である。従来は、増配提案や自社株買いの要求といった株主還元策の強化を求めるアクティビストが中心であったが、現在のアクティビスト戦略は、より経営戦略に踏み込むようになってきている。アクティビストに対応する上では、彼らと同じ視点で企業を俯瞰するスキルが必要である。IROに機関投資家出身者が増えてきているのにはこうした背景があると考えられる。

(2) アクティビスト戦略の変化

　ここでアクティビスト戦略についても触れておきたい。アクティビストと一言でいってもその内容や戦略は様々であるが、日本で最もイメージが強いのがいわゆる「敵対的」ファンドであろう。こうしたファンドが注目するのは、主として余剰現預金の活用や遊休資産の売却による株主還元策の強化であり、往々にして経営陣と対立しがちであるという意味で「敵対的」と表現されることが多い。十分なリターンが得られたと判断すれば短期で売り抜けるという点もそのイメージに拍車をかけているといえよう。

　しかしながら、近年は必ずしも株主還元策の強化に着目したファンドばかりではない。投資戦略は様々であるが、企業価値の向上施策を提案するファンドも増えてきており、株主還元策の強化といった一時的なキャッシュアウトとは一線を画した内容が主流になりつつあるといっても過言ではない。

　トラディショナルな運用と従来型のアクティビスト、そして近年台頭してきているアクティビストのリターンの取り方はどう違うのか。

　図表6-9は、トラディショナルな運用におけるエントリーポイントとリターン

図表6-9　トラディショナルな運用のエントリーポイントとリターン（イメージ）

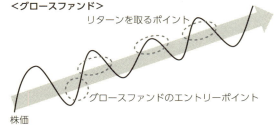

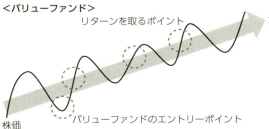

出典：筆者が作成

をイメージしたものである。トラディショナルな運用の代表的な投資スタイルには、成長性に着目した「グロース」と割安性に着目した「バリュー」がある。

グロースは、FCF の成長性に着目した投資である。FCF の成長に伴い企業価値の上昇局面でリターンをとる運用戦略である。

バリューは、FCF の創出力からみてディスカウント（過小評価）されている銘柄に投資する戦略である。ディスカウントが修正されるタイミングでリターンをとる運用戦略であり、適正株価が実現したと考えるタイミングで売却する。

いずれにせよこうした運用スタイルは、想定される企業価値に対してその成長性か割安性に注目しているという点で、実質的にコインの裏表に近い関係といえよう。

一方で、従来型のアクティビストによる運用のエントリーポイントとリターンのイメージは**図表 6-10** のとおりである。一般的に株価が企業価値や保有する資産からみて大きくディスカウントされている銘柄が投資対象となっていることが多い。

ディスカウントされている企業に投資するだけであればバリューファンドと同じであるが、従来型のアクティビストは、具体的な施策として、自らが投資対象先の株式を大量取得して大株主になったうえで、増配や自社株買いに関する株主提案権を行使することに加えてメディア戦略を巧みに駆使して劇場型に持ち込むことが多い。

劇場型に持ち込まれると、株価は急激に上昇するケースが多い。時には、想定される企業価値を大きく上回る株価を付けるケースもある。アクティビストは、

図表 6-10　従来型アクティビストのエントリーポイントとリターン（イメージ）

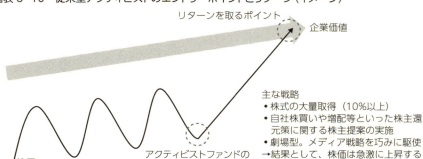

出典：筆者が作成

増配に関する株主提案が可決されればキャッシュインという形でリターンを手にするし、仮に株主提案が否決されたとしても、株価が上昇した局面で株式を売却することで十分なリターンを得ることになる。2000年代に日本で一世を風靡したスティールパートナーズなどは、こうした手法をとった代表的なアクティビストと言えるだろう。

こうした手法に対して、近年台頭してきたアクティビストの運用スタイルは根本的に異なる。その戦略は、どちらかといえば**図表6-11**にもあるとおり、企業価値そのものを大きく向上させるバリューアップ戦略が中心である点が特徴的である。また、ディスカウントの解消は、株主還元ありきではなく、ガバナンス上のディスカウントの解消を目的としたものが多い。従来型のアクティビスト戦略とは違って、中長期で株式を保有するケースが多い。また、自ら株式を大量保有することは少なく、マーケットの支持をもって活動を展開するファンドが多い。トラディショナルな運用を行う機関投資家からの支持が得られるほどに、その運用戦略は妥当性が高いと判断されるケースが多い、と解釈することもできる。

これら、アクティビストが展開する主なバリューアップならびにガバナンス上のディスカウント解消施策は下記のとおである。

〈事業のバリューアップ〉
- 経営戦略策定に関するアドバイス（中期経営計画の策定など）
- 提携先の開拓、情報提供
- 資本政策の立案（配当・自社株買い政策、最適資本構成に関するアドバイス）

図表6-11　近時のアクティビストのエントリーポイントとリターン（イメージ）

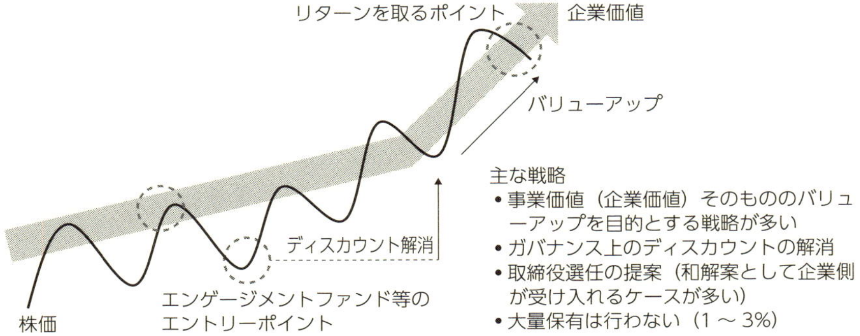

主な戦略
- 事業価値（企業価値）そのもののバリューアップを目的とする戦略が多い
- ガバナンス上のディスカウントの解消
- 取締役選任の提案（和解案として企業側が受け入れるケースが多い）
- 大量保有は行わない（1〜3%）

出典：筆者が作成

- 事業効率化に関するアドバイス（コスト削減策、ROICツリーなどを活用したオペレーション改善）
- M&Aなどの助言

〈ガバナンス上のディスカウント解消〉
- ガバナンス体制改善提案（アクティビストファンド幹部自らの取締役選任、社外取締役候補者選任支援）
- IRディスカウントの解消（配当政策など株主還元に関する説明強化、資本生産性に関する説明強化）
- 流動性を高めるための施策（アナリストカバレッジの上昇など）

　こうしたファンドは、過去に幅広いセクター・銘柄に投資してきた知見に加え、投資銀行や大手コンサルティング会社出身者、弁護士などを積極的に採用し、多様なバックグラウンドを元に投資や助言などを展開するのが特徴である。また、産業の動向や産業固有の規制などにも精通しており、事業それ自体の価値を高める観点から投資するという意味で、従来のアクティビストとは根本的に異なると言えるだろう。

(3) IROに求められる経営企画機能の強化

　以上、アクティビスト戦略の変化についてみてきたが、現実の市場には、トラディショナルな運用を行う機関投資家、従来型のアクティビスト、近時のアクティビスト戦略をとるファンドに加え、個人株主やトレーディング主体の投資家など、様々なプレーヤーが存在している。ただし、ひとつ言えるのは、近時のアクティビスト戦略でみたように、株主側からの提案内容が高度化するなかで、企業としても相応に市場との対話能力を高める必要があると、いう点である。

　米国のIROが、Financial AnalysisやCompetitive Intelligenceに取り組んでおり、また、機関投資家出身者が実質的にIROの1/4を占めるまでになってきているのは、まさにこのような市場参加者の変化が契機となっている。つまり、現在の市場では、IRO自身が日本の経営企画部門のような機能を担うまでになっており、経営と対話の高度化に一役買っていると言える。

　機関投資家出身者がIROを務める効能は、投資家目線を経営に取り入れるという点に尽きるであろう。投資家の視点で業界や同業他社の比較優位性を検証し、マーケットの期待値と現状の企業価値との乖離を分析し、CEO・CFOに直接レ

ポーティングする。そうすることで、経営はよりマーケットを意識した戦略を採りやすくなるであろう。また、機関投資家出身者がIROを務めることで市場参加者との目線を合わせやすくし、対話の質の向上も期待される。ボラティリティが相対的に高いとされる現在の市場環境において、このような取り組みは、株価に企業価値を適切に反映させるという面からみても有効であろう。

こうした米国の状況は、差し迫ったアクティビストの脅威に晒されているという米国特有の背景もあるであろうが、IROが経営企画部門の役割を担い、投資家目線を経営に取り込むのは日本企業にも参考になる取り組みではないだろうか。

6. 企業価値に関する説明力を高める

投資家目線を経営に取り込むということは、資本コストを核とした経営管理手法を取り入れるということと半ば同義である。特に上場企業は、市場から調達した資金を元にして事業を運営していることから、自社の株主の期待収益率を意識しなければならないのは当然のことと考えられる。

ここで重要なのは、投資家目線を経営に取り込むことは、投資家の要求に迎合することとは全く異なるという点である。企業経営と投資家による要求事項は、時として相容れない。むしろ、ここで重要なのは、企業価値の考え方について投資家と目線を合わせるということである。

企業価値の目線を投資家と合わせるということは、FCFの創出力を中長期的にどう高めていくのか、リターンを創出していく上で投下資本（バランスシート）の活用をどう考えるのか、自社を取り巻くリスクにどう対処するのか、企業価値や資本生産性を測る上で重要なファクターである資本コストの水準をどう考えるのか、といった点に関する経営サイドの考え方を投資家と共有するということである。すなわち、自社の企業価値に関する説明力を高めることと実質的に同義である。

ところが、日本企業の経営者の多くは、そもそも自社の資本コストを認識しておらず、投資家が認識する企業価値の定義に対する意識も総じて低い。また、株価の変動は気にするものの、株価が自社の価値を適正に反映しているか否かについての意見がないことも多い。企業価値には様々な定義があってもよいし、また、投資家もそれ自体を否定している訳ではないが、市場をより意識した経営を行うにあたって、まずは、投資家との目線合わせが必要不可欠であろう。

(1) 自社の企業価値を検証する

　株価は様々な要因で変動する。特に、株式市場の参加者は総じてリスク回避的であり、突発的な事象の発生に対して過敏に反応する傾向がある。様々な期待と不安が交錯して株価は形成されている。

　そのような株式市場の特性があることから、株価は企業価値を適正に反映していない、という意見もあろう。確かに短期的な株価変動を見ればそのとおりである。しかしながら、現実のM&Aの現場では、企業価値の算定は日常的に行われているし、機関投資家も投資に先だって投資先のバリュエーションを常に弾いている。企業がゴーイングコンサーン（継続企業）であることを前提とすると、長い目でみれば企業のパフォーマンスは市場に織り込まれ、企業価値は株価に反映されると考えられる。

　企業価値が株価に適切に反映されていない状況が長期間続くと、企業にとってはリスクが高まる。たとえば、株価が企業価値に対してディスカウントされている状況が続けば、増資がうまくいかない（マーケットから成長資金の供給が停止する）、買収リスクが高まる、M&Aが不利になる、マーケット全体が不況に陥って以降の株価回復力が弱くなる、委任状争奪戦などの有事局面において賛成票の確保が困難になる、などといったリスクが想定される（図表6-12）。

　企業は、中長期の自社の企業価値が株価に適切に反映されているか否かを常に検証する必要があろう。株価が長期的に企業価値を下回る、もしくは、上回る場合には、その要因の分析を通じて、フェアバリュー（適正株価）が実現していない原因を究明することが重要である。

　企業価値の主な分析手法には、DCF法を活用したインカムアプローチ、マルチプル（株価倍率）分析を中心としたマーケットアプローチ、修正純資産法に代表されるコストアプローチがある。どの評価手法が有効かは、事業の特性や類似企業との比較の容易さなどを考慮する必要があるが、一般的には複数の評価手法を用いて総合的に判断される。

　ただし、長期的な視点で企業価値を評価する機関投資家にとっての企業価値は、FCFの割引現在価値、すなわち、DCF法で算出される企業価値である。長期投資家と同じ目線で企業価値を評価するという観点からも、DCF法を活用した企業価値の算定（インハウスDCF法）は是非とも実施すべきである。

　DCF法は、最も理論的かつ一般的な評価手法とされる一方で、FCFの予測精度や割引率の水準感次第で、測定される企業価値は大きく変動する。投資家にとって最大のチャレンジは、業績の予測精度を如何にして高めるかであり、その

図表6-12　企業価値と株価の関係（イメージ）

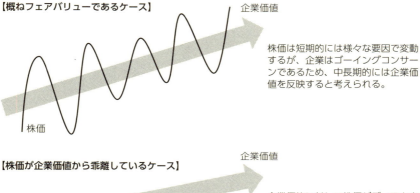

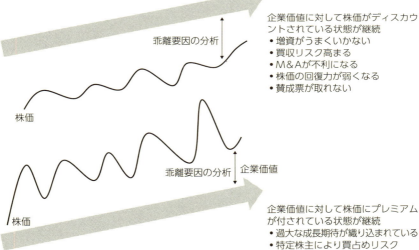

出典：筆者が作成

ために独自のキャッシュフローモデルを構築しているケースも多い。

　一方で、企業は外部には知り得ない情報を有しているのが通常であり、投資家と比較するとFCFの予測精度は高いはずである。また、FCFが変動する要因についてもより正確に把握している可能性が高い。つまり、企業は投資家よりも高い精度をもってDCF法で企業価値を算定することができ、これを株価と比較することで、企業価値が適切に株価に反映されているか否かを検証することもでき

図表6-13　インハウスDCF法の例

	＋1期	＋2期	＋3期	＋4期	＋5期
Free Cash Flow	30,300	32,100	32,500	33,000	33,400

WACC	7.00%
永久成長率	2.0%
事業価値	617,674
非事業性資産（＋）	0
有利子負債（－）	45,000
少数株主持分（－）	1,500
理論時価総額	571,174
時価総額（年間平均）	610,000

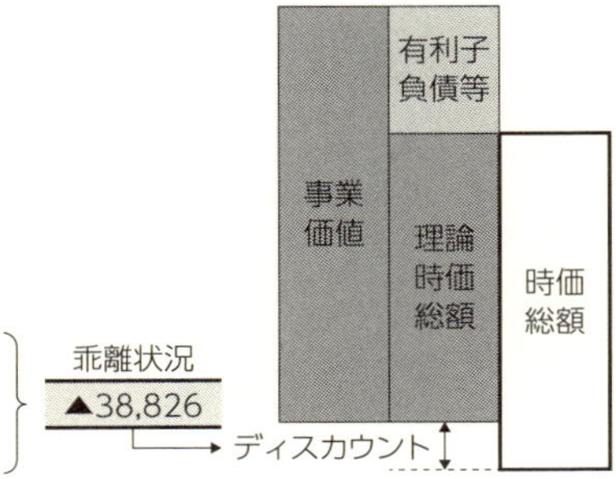
乖離状況
▲38,826
ディスカウント
事業価値
有利子負債等
理論時価総額
時価総額

出典：筆者が作成

る。

図表6-13は、インハウスDCF法の実施事例である。DCF法によって算出された事業価値から有利子負債などを控除した残存部分が株主に帰属する価値であり、理論時価総額となる。理論時価総額を発行済株式数で除したものが理論株価である。

次に、算出された理論株価と足元の株価、直近3か月・6か月・1年の平均株価を比較し、その乖離要因を検証する。乖離要因は、いくつかの切り口から検証が可能である。

- インハウスのFCF予測と市場のコンセンサスとの間に認識の差はあるか？差があるとすれば、その要因は何か？（事業の見通しに対する確度の差異など）
- 現在の株価が織り込んでいる利益水準はどの程度か？
- 割引率である資本コストが市場実勢から乖離していないか？
  - 長期投資家の自社に対する期待収益率の水準は？（ヒアリングベース）
  - インハウスのFCF予測を前提とした場合、市場が織り込んでいる資本コストの水準はどの程度か？
- 最適資本構成に対する認識が市場コンセンサスと乖離していないか？（最適資本構成は割引率であるWACCの水準に影響する）

第6章　投資家との対話と企業価値に関する説明力の強化

- 永久成長率（プレミアム）を市場はどの程度織り込んでいるか？（成長期待、FCFの創出が期待される非財務価値に対する評価など）

　日本では実例としては少ないものの、上場している限りは他社からの買収提案を受けたりTOBの対象となったりするといった事態も想定される。その際にはいずれにせよ、当該提案・TOB価格が企業価値に対して妥当か否かを検証する必要がある。また、投資家の評価として、日本企業は総じて株価が高い時に自社株買いを実施する傾向があるとの指摘もなされている。買収提案や自社株買いの局面で、より合理的な経営判断を可能とするためにも、自社の企業価値を定期的に算定し、定量的に把握しておくことが望ましい。

(2) 企業価値向上のドライバーを把握する

　企業価値の算定ができたら、次は何が企業価値向上のドライバーなのかを特定することが重要である。企業価値向上のためのドライバーを特定することができれば、これに向けた課題が明らかになるばかりでなく、投資家との対話の場面で、より本質的な議論が可能となるであろう。

　企業価値向上のためのドライバーの特定は、財務指標と株価パフォーマンスとの相関性およびROIC・ROEツリーを活用した企業価値の財務的構成要素へのブレークダウンを通じて分析することができる。

①財務指標と株価パフォーマンスの相関性

　企業は、様々な事業サイクルを通じて事業の浮き沈みに対応している。事業サイクルは大きく分けて、「成長期（立ち上げ期）」「安定成長期」「安定期」「衰退期」に分類される（**図表6-14**）。

　事業サイクルの位置付けによって、企業のあり方も変わってくる。たとえば、成長期にある企業であれば、当初は利益率が低いが、事業規模の急激な拡大によってトップラインは伸び、安定成長期に移行すれば利益率は改善するであろう。安定成長期には、利益成長に伴って資本の蓄積が進み、バランスシートも徐々に改善するであろう。安定成長期であれば安定的に利益を稼ぐことができるものの、再び成長回帰することができなければ、利益率は徐々に低下し、衰退期に移行するであろう。衰退期に移行すれば、売上・利益ともにマイナス成長に転じ、業績悪化に伴ってバランスシートは大きく毀損するであろう。

　投資家側からすれば、それぞれの事業サイクルのステージに応じて着眼点も異なる。たとえば、成長期にある企業であればその成長性に、安定成長期であれば

図表6-14　事業サイクル‐一般的な傾向

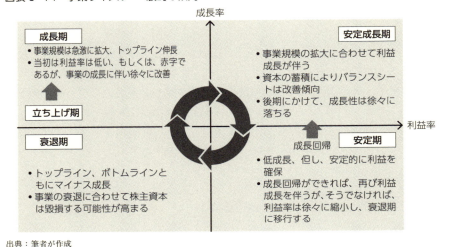

出典：筆者が作成

利益成長と資本生産性のバランスに比重を置いてそれぞれ投資するであろう。
　実際に、財務指標と株価の相関性はそれぞれの事業サイクルの位置付けによって異なる。**図表6-15**は、異なる事業サイクルのステージにある企業を数社サンプリングし、その主要な財務指標と株価との相関性を示したものである。株価は、将来の業績予想を織り込んで形成されるため、企業業績の先行指標とも言える。分析にあたっては株価を6か月程度先行させてそれぞれの財務指標との相関性を算出した。
　実際に事業サイクルの位置付けに応じて株価と財務指標との相関性は異なることが分かる。スタートアップ（A）企業であれば、売上高や営業利益、EBITDAとの相関性が高い。安定成長期から安定期（B）にある企業であれば、トップラインというよりは利益率や資本生産性との相関性が相対的に高くなる。サンプリングした安定期（C）に入った企業であれば、内部留保を配当として放出した結果として財務レバレッジが高まり、D/Eレシオと株価が相関していることが分かる。通常であれば、D/Eレシオの高まりは財務リスクの高まりを示し、株価にマイナス影響を及ぼす傾向が強いが、手元資金が潤沢な企業の場合はこれに当てはまらないことを示唆している。
　同じ事業サイクルにあったとしても、事業の特性などによって相関する指標は

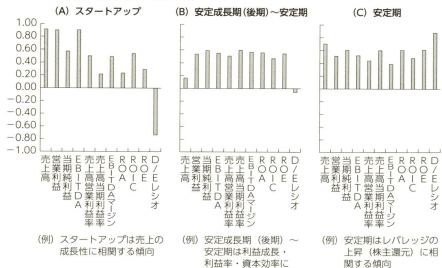

図表6-15　株価と各種指標の相関性（イメージ）

（A）スタートアップ　　（B）安定成長期（後期）〜安定期　　（C）安定期

（例）スタートアップは売上の成長性に相関する傾向

（例）安定成長期（後期）〜安定期は利益成長・利益率・資本効率に相関する傾向

（例）安定期はレバレッジの上昇（株主還元）に相関する傾向

※過去3年程度の各指標と株価の相関性を筆者にて数社サンプリングした上で作成
出典：筆者が作成

異なる。この分析の活用にあたって重要な点は、自社の株価がどのような期待（もしくは失望）に基づいて形成されているのかを考察するためのひとつの分析手法にすぎないということである。この分析は、あくまでも過去実績に基づいたものであり、必ずしも将来も同じとは限らないが、事業内容が継続すると仮定した場合に市場が何をみて自社を評価しているのかを知る契機にはなり得るであろう。

②企業価値のブレークダウン

　企業価値を構成する財務的な要素は、ROICツリーやROEツリーを使用してブレークダウンすることが可能である。この分析の要諦は、ブレークダウンされた各要素が企業価値にどのように影響するのかを検証することが目的である。

　ROICツリーとROEツリーは本質的には同じであるが、強いてあげるとすれば、**図表6-16**に示したような特徴がある。

　この分析の目的は、企業価値向上のためのドライバーを特定することであるから、最終的にはインハウスDCF法への連関を意識して運用することが望ましい。そこで本書では、ROICツリーを活用した分析に基づいて議論を進める。なお、

図表6-16 ROICツリー・ROEツリー　それぞれの特徴

	ROICツリー	ROEツリー
利益	NOPAT（税引後営業利益）がベースであり、本業の収益力を評価し易い。	純利益がベースであり特別損益など必ずしも本業に関係のない損益の影響を受ける可能性がある。
財務レバレッジ	投下資本としてequity＋debtを一体で見るので必ずしも財務レバレッジを意識せずとも良い。B/Sの運用サイドのみの展開も可能であり、調達サイドを意識せずとも良い。（現場で展開し易い）	財務レバレッジが切り出されるので、事業リスクに応じた適正なレバレッジを意識し易い。財務レバレッジは現場ではコントロールできないので本社対応となる。
資本コスト	WACC WACCを引き下げるために最適資本構成を意識し、レバレッジを活用する誘因が働き安い。	株主資本コスト Equity Spreadを確保するために財務レバレッジを高める誘因が働き易い。
企業価値評価	インハウスDCFへの展開、企業価値評価とROICツリーの関連付けが比較的容易。	インハウスDCFへの展開、企業価値評価とROEツリーの関連付けは相対的に困難。

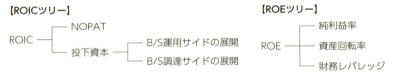

出典：筆者が作成

ROICツリーの展開例については第3章で詳述している。

ツリー展開した要素のなかで、企業価値向上への寄与が想定されるドライバーは何か。企業価値がFCFの割引現在価値であることを踏まえると、一般的に企業価値向上にインパクトを与え易い要素は以下の3点と考えられる。

a) FCFの増加に寄与
b) 投下資本の適正化に寄与
c) 資本コストの最適化に寄与

a) FCFの増加に寄与する主たるドライバーは、売上高成長率、営業利益率、税率、運転資本増減、設備投資（および減価償却費）である。また、b) 投下資本の適正化やc) 資本コストの最適化に影響する主たるドライバーは、運転資本増減、設備投資（および減価償却費）に加えて資本コスト（WACC）である。資本コスト（WACC）は、有利子負債と自己資本の構成によって変動する性質のも

のであり、自社の資本コストをどう考えるかは、自社のあるべき最適資本構成の追求如何であり、結局はバランスシートや投下資本の活用方針に直結する（**図表6-17**）。

図表6-17 に示した主たる企業価値のドライバーと、それを構成するサブドライバーが変化することによって、企業価値は増減することになる。実際に企業価値のドライバーが企業価値向上に与えるインパクトは、インハウスのDCF法を活用した感応度分析を通じて可視化することができる。（**図表6-18**）

ドライバーが明らかになったからといって、直ちにその改善を通じて企業価値向上が達成できるかといえばそうではない。事業サイクルの位置付けによってはトップラインを伸ばすのが困難であったり、レバレッジを活用した成長戦略を採ることができないケースなど、経営には制約がつきものである。

ここでポイントとなるのは、ROICツリーを活用したROIC向上への取組みが実際にどれだけ市場価値（株価）に寄与するかを検証することである。ROIC向上に向けた取組みが具体的に企業価値にどの程度のインパクトを与えるのかは投資家のみならず経営者が最も知りたいことではないだろうか。

また、先に分析したとおり、事業サイクルの位置付けによって財務指標と株価の相関性は異なる。相関性の高い財務指標がROICツリーのどの部分を改善することによって高まるのか、また、企業価値に実際どう影響するかを分析するのも企業価値向上への取組みを強化する上でのヒントとなろう。

図表6-17 主な企業価値ドライバー

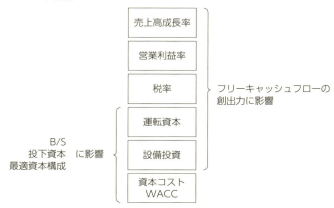

出典：筆者が作成

図表6-18　企業価値ドライバーの改善と株価の感応度

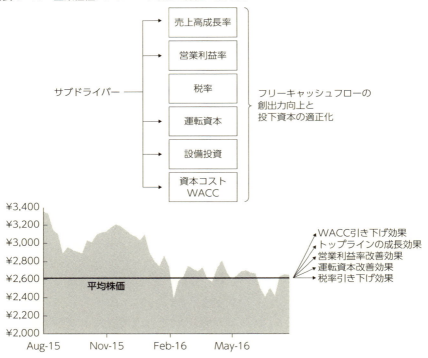

- 企業価値ドライバー（サブドライバーを含む）の改善が中長期的な株価水準やROIC Spread等に与えるインパクトを検証し、企業価値に対する説明力を高める。
- 長期投資家の指摘事項や同業他社の状況を自社のドライバーと照らし合わせて、企業価値評価の差異を検証することも有効。

出典：筆者が作成

　長期投資家が意識しているのは中長期的なFCFの創出力と投下資本に対するリターンであることを踏まえると、彼らの問題提起・指摘事項もおおよそこれらのドライバーに関する事項であることがわかる。ROICツリーで展開した企業価値の各構成要素を投資家の指摘事項と照らし合わせることで、長期投資家がその改善を通じてどの程度の企業価値向上を意識しているのかを知る手掛かりとなる。それを可能とするためには、対話それ自体のレベルアップが必要なのはいうまでもない。また、同様の観点から、同業他社との比較分析も有効であろう。
　これらの取り組みは、自社の企業価値に関する説明力を高める上で有効であ

る。企業価値に関する説明力が高まれば、社内における事業の改善ポイントが明らかになるばかりでなく、投資家との本質的な対話を促す一助となる。本質的な対話が進展すれば投資家によるリスク評価は改善し、IRプレミアムの獲得を通じて株主資本コストは中長期的に低減していくであろう。そして、株主資本コストの低減は企業価値向上という効果をもたらすのである。

おわりに──グローバル競争を勝ち抜くために

　日本企業がグローバル競争に晒されているといわれて久しい。グローバル競争に勝ち残るためには、新技術や新サービスの開発、M&Aなどといった投資を通じて成長力を高めていく必要があるのは言うまでもないであろう。

　成長投資のためには資金が必要である。リスクマネーはリスクに見合うリターンが見込まれる市場に集まる。グローバル競争は成長資金の獲得競争の一面も有しているのである。

　折しも現在は金融緩和の影響もあり、市場には資金が滞留している。企業からすれば、株式市場から資金を調達せずとも有利子負債の活用で十分に資金ニーズを満たすことができる、という判断もありうる。また、日本企業のバランスシートには現預金が積み上がっており、喫緊の資金ニーズがない、という議論もあろう。しかしながら、金融政策はその時々の情勢に合わせて変化していく可能性もあり、現在の状況が永続するという保証はない。このような議論を行っている間にもリスクマネーはリターンを求めて世界中を駆け巡っている。そして、現実には日本の株式市場は長期にわたって低迷している。

　企業価値向上は一朝一夕で成し得るものではない。投資がリターンを生むまでには相応の時間を要するし、バランスシートの改善／再構築も徐々にしか進まない。リスクマネーが日本市場から完全に逃避してしまってから企業価値向上策に取り組むのでは遅いのである。

　本書で取り上げたROICの活用は企業価値向上のための一手法である。ROICの活用により資本生産性を高め、企業価値を持続的に向上させていくことが重要である。

　また、日本の株式市場におけるリスクマネーの最大提供者が国内外の機関投資家であることを踏まえると、機関投資家と企業価値の目線を合わせる必要がある。そのためにも長期投資家の着眼点を正しく認識し、資本コストを軸として対話を高度化させ、経営改善に生かしていくことが求められる。

　企業価値向上に終わりはない。持続的な企業価値向上に向けた不断の経営改革の実践こそが日本企業がグローバル競争を勝ち抜くために不可欠である。

索　引

数字・アルファベット

CAPM	30
CCC	141
DCF	21, 22, 180
DCF 法	19, 162
Debt Capacity	152, 154, 157
EBIT	67
Economic Spread	44
EP	45
Equity Spread	23, 45, 48, 162
ESG	165, 171
EVA	44, 86
IRO	172, 178
IRR	56, 121
IR/SR	163
MM 理論	151
NOPAT	44, 50
NOPLAT（みなし税引後営業利益）	50
NPV	56, 121
PER	22, 170
ROA	43, 52, 137, 139
ROCE	44
ROE	18, 23, 44, 48, 66, 137, 141
ROE ツリー	185
ROIC	43, 50, 66, 93, 137, 139, 141
ROIC Spread	44, 51, 163
ROIC 逆ツリー展開	128
ROIC 経営	59
ROIC ツリー	185
ROIC ツリー展開	74, 75
ROIC 翻訳式	131
ROWC	44
WACC	27, 40, 109

【あ】

アクティビスト	175, 176
伊藤レポート	14, 49
インハウス DCF 法	180, 182
エクイティリスクプレミアム	31

【か】

格付	152, 157
加重平均資本コスト	27
株主価値	21
株主資本コスト	27, 35, 40, 168
機関投資家	20, 40, 42, 134, 163, 180
企業価値	19, 21, 86, 162, 179, 180, 185
期待収益率	26, 33, 35, 41, 156, 158, 168
個人株主	39
個人投資家	39
固定長期適合率	155
コーポレートガバナンス	17
コーポレートガバナンス改革	3, 14, 42

【さ】

最適資本構成	145, 150, 187
残余利益	45
残余利益モデル	22, 87
事業サイクル	184
事業別 ROIC	68, 70, 110
事業別 WACC	73
事業ポートフォリオ	94

事業ポートフォリオマネジメント ……………………… 74, 116	バランスシートマネジメント ……… 148
事業リスク …………………… 154, 158	非事業資産 ………………………… 101
自社株買い ………………………… 144	フロー経営 …………………… 54, 55
資本コスト ……………… 26, 162, 171	β 値 …………………………… 30, 168
資本資産価格モデル ………………… 30	本社費 ……………………………… 69
資本生産性 …………………………… 17	
政策保有株式 ……………………… 101	【ま】
税引後営業利益 ……………………… 44	マルチプル ………………………… 180
	マルチプル法 ……………………… 22

【た】

長期投資家 …………………… 20, 163
撤退基準 …………………………… 119
投資家との対話 …………………… 162

【ら】

リキャップCB ……………… 49, 145
リスクフリーレート ………… 30, 37

【は】

バランスシート ………… 58, 134, 171

〈筆者紹介〉

土屋 大輔（つちや・だいすけ）

有限責任 あずさ監査法人 サステナブルバリュー統轄事業部 マネージング・ディレクター
1999 年に大手都市銀行に入行。2001 年に大手 IR・SR コンサルティング会社入社。2013 年に同社取締役 IR・SR コンサルティング本部長に就任。時価総額大手の上場企業を主要なクライアントとし、IR、株主総会に関するコンサルティング並びに助言業務を手掛ける。
2015 年より KPMG／あずさ監査法人にて CFO×ESG 領域に関するアドバイザリーに従事。資本生産性指標（ROIC 等）の活用や事業ポートフォリオ評価、最適資本構成方針立案、ESG 戦略立案、ESG 格付対応、サステナブルファイナンス、バイアウトファンド向けの ESG バリューアップ、ESG DD 等につきアドバイスを行う。
著書に『ROIC 経営実践編 事業ポートフォリオの組換えと企業価値向上』（共著、日本経済新聞出版、2022 年）、日本バイアウト研究所（編）『プライベート・エクイティと ESG』（寄稿、きんざい、2021 年）、『実践 人権デュー・ディリジェンス 持続可能なビジネスに向けて』（監修、中央経済社、2023 年）。
KPMG サステナブルバリューサービス・ジャパン メンバー。公益社団法人 経済同友会 資本効率の最適化委員会ワーキンググループメンバー（2016～2017 年）。

荒木 昇（あらき・のぼる）

株式会社 KPMG FAS ディレクター
大手監査法人勤務を経て、2003 年に KPMG FAS 入社。
企業価値向上を目的として、事業計画策定、事業ポートフォリオの見直し、業績不振事業の改善、組織再編の検討、投資・撤退基準及び KPI の見直し、資金繰り改善等の幅広い領域において、数多くのアドバイスサービスを提供した実績を有する（2020 年 3 月末退職）。
公認会計士、日本証券アナリスト協会検定会員。

© 2017 KPMG FAS Co., Ltd., a company established under the Japan Company Law and a member firm of the KPMG network of independent member firms affiliated with KPMG International Cooperative ("KPMG International"), a Swiss entity. All rights reserved.

© 2017 KPMG AZSA LLC, a limited liability audit corporation incorporated under the Japanese Certified Public Accountants Law and a member firm of the KPMG network of independent member firms affiliated with KPMG International Cooperative ("KPMG International"), a Swiss entity. All rights reserved.
The KPMG name and logo are registered trademarks or trademarks of KPMG International.

ここに記載されている情報はあくまで一般的なものであり、特定の個人や組織が置かれている状況に対応するものではありません。私たちは、的確な情報をタイムリーに提供するよう努めておりますが、情報を受け取られた時点及びそれ以降においての正確さは保証の限りではありません。何らかの行動を取られる場合は、ここにある情報のみを根拠とせず、プロフェッショナルが特定の状況を綿密に調査した上で提案する適切なアドバイスをもとにご判断ください。

〈編者紹介〉

株式会社 KPMG FAS

株式会社 KPMG FAS は、企業戦略の策定から、トランザクション（M&A、事業再編、企業・事業再生等）、ポストディールに至るまで、企業価値向上にむけた取り組みを総合的にサポートします。主なサービスとして、M&A アドバイザリー（FA 業務、バリュエーション、デューデリジェンス、ストラクチャリングアドバイス）、事業再生アドバイザリー、経営戦略コンサルティング、不正調査等を提供しています。

有限責任 あずさ監査法人

有限責任 あずさ監査法人は、全国主要都市に約 6,000 名の人員を擁し、監査や保証業務をはじめ、IFRS アドバイザリー、アカウンティングアドバイザリー、金融関連アドバイザリー、IT 関連アドバイザリー、企業成長支援アドバイザリーを提供しています。金融、情報・通信・メディア、パブリックセクター、消費財・小売、製造、自動車、エネルギー、ライフサイエンスなど、業界特有のニーズに対応した専門性の高いサービスを提供する体制を有するとともに、4 大国際会計事務所のひとつである KPMG のメンバーファームとして、144 の国と地域に拡がるネットワークを通じ、グローバルな視点からクライアントを支援しています。

KPMG

KPMG は、監査、税務、アドバイザリーサービスを提供するプロフェッショナルファームのグローバルネットワークです。世界 144 の国と地域のメンバーファームに約 236,000 名の人員を擁し、サービスを提供しています。

ROIC経営

2017 年 11 月 16 日　1 版 1 刷
2025 年 3 月 31 日　　　14 刷

編　者　KPMG FAS
　　　　あずさ監査法人
発行者　中川ヒロミ
発　行　株式会社日経 BP
　　　　日本経済新聞出版
発　売　株式会社日経 BP マーケティング
　　　　〒 105-8308　東京都港区虎ノ門 4-3-12

印刷・製本　中央精版印刷
本文 DTP　マーリンクレイン
ISBN978-4-532-32185-7

本書の無断複写・複製（コピー等）は著作権法上の例外を除き、禁じられています。
購入者以外の第三者による電子データ化および電子書籍化は、
私的使用を含め一切認められておりません。
本書籍に関するお問い合わせ、ご連絡は下記にて承ります。
　https://nkbp.jp/booksQA
Printed in Japan